한국형 마케팅 성공사례 Vol.17

초판 1쇄 인쇄 2019년 4월 5일
초판 1쇄 발행 2019년 4월 10일

발 행 인 김종립
발 행 처 KMAC
기   획 진단평가본부 한상록 · 이기동 · 방지현 · 이동은
편 집 장 김종운
책임편집 최주한
홍보·마케팅 김선정, 박예진, 이동언
디 자 인 이든디자인
출판등록 1990년 5월 11일 제13-345호
주   소 서울 영등포구 여의공원로 101, 8층
문의전화 02-3786-0752 **팩스** 02-3786-0107
홈페이지 www.kmac.co.kr

ⓒKMAC, 2019
ISBN 978-89-93354-07-2 14320
ISBN 978-89-93354-22-5 (세트)

값 15,000원
잘못된 책은 바꾸어 드립니다.

KOREA
MARKETING

한국형 마케팅 성공사례

KMAC 엮음

vol.17

BEST
PRACTICE

KMAC

contents

KOREA
MARKETING
B E S T
PRACTICE

초개인화에 대응하는
가치와 서비스가 경쟁력이다.

원대연
마케팅위원회 위원장

"세상이 정말 빠르게 변한다"라는 말이 식상해질 만큼 변화가 일상이
되어버린 시대다. 요즘 세대를 가리켜 '플로팅Floating' 세대, 즉 '부유하
는 세대'라고 한다. 젊은 세대일수록 변화에 민감하다는 것이 새로운
사실은 아니지만, 변화를 수용하는 것을 넘어 떠다니듯이 쉽게 변하고
빠르게 적응하는 특징을 지닌 소비자의 출현을 적절하게 표현한 용어
라는 생각이 든다.

　이를 시장환경에 빗대어 말하면 과거의 변화는 뛰는 수준이었고 지
금의 변화는 날아다니는 수준이라고 할 수 있다. 여기에 소비자들의
다양한 니즈까지 더해져 기업 입장에서는 상품이나 서비스의 품질만
고수해서는 치열한 경쟁 속에서 우위를 차지하기 어려운 시대가 된 것
이다. 하지만 이런 상황에도 불구하고 소비자의 선택을 견고하게 지

켜내면서, 그 브랜드파워를 기반으로 성장에 성장을 거듭하는 기업과 브랜드가 있다. 이들 기업의 면면을 들여다보면, 그 가치를 높이기 위해 브랜드마케팅 활동을 멈추지 않으며, 시장의 변화와 트렌드, 소비자 맞춤형 가치에 따라 늘 새로운 브랜드마케팅 전략을 추진하고 있다는 것을 알 수 있다. 또한 해당 기업들은 치열한 경쟁 속에서도 단기적인 판매성과를 위한 과도한 마케팅에 집중하기보다는 브랜드와 제품의 본질을 알려내면서 장기적인 관점에서 소비자의 니즈를 반영하는 작업을 하고 있다. 경쟁이 심화하고 시장이 빠르게 변할수록 브랜드를 잘 키우고 관리하는 것이 고객을 위한 활동이라고 믿기 때문이다.

그렇다면 이들은 왜 고객을 위한 활동에 매진하는 것일까? 눈앞의 성과보다 멀리 있는 가치를 좇을 수 있던 비결은 무엇일까? 그것은 고객이 있어야 기업이 성장할 수 있다는 것을 믿고 우직하게 실천으로 옮겼기 때문이다. 고객은 저절로 생겨나지도 않고, 요행을 바라는 마케팅만으로 고객을 붙잡아둘 수도 없다. 고객의 취향이 드러나는 다양한 채널과 변화무쌍한 시대 흐름을 인지한 기업 브랜드 관리의 접점이 점점 넓어지면서 자연스럽게 브랜드파워가 커지게 된다. 그러한 지속적이고 세밀한 브랜드 관리가 이루어지게 되면, 그것은 고객의 증가와 기업의 성장으로 이어질 수 있는 중요한 발판이 된다.

지금은 그 어느 때보다도 브랜드에 대한 디테일한 관리가 필요한 시대다. 거대 시장에 가려져 있던 틈새경제가 지속적으로 확대되고, 그 틈새가 점점 커지면서 이제는 주류를 위협하는 새로운 트렌드를 만들어 시장에 지각변동을 일으키고 있다. 가히 '신新틈새경제'라 할 만하다. '신틈새경제 시대'의 도래는 초개인화로 인해 시장이 세분화되는 상황에서 제4차 산업혁명 시대의 기술과 만나, 고객 맞춤형 제품·가치·서비스를 기업경쟁력의 핵심으로 끌어올렸다. 각 브랜드가 내세우는 가치와 서비스도 이러한 변화에 맞게 변화·발전해야 한다.

이 책에 소개된 브랜드와 기업의 마케팅 사례들은 치열한 경쟁을 뚫고 까다로운 소비자의 취향을 만족시킨 것들이다. 이를 통해 시대의 빠른 변화에 대응하고 브랜드 관리의 방향성을 찾을 수 있는 귀한 아이디어를 얻을 수 있을 것이다. 또한 각 기업들은 책에 실린 마케팅, 브랜드, 신상품, 명품전략을 연구해 자사에 적합하게 적용하고 독창적인 활동으로 재창조할 수도 있다. 이 책은 사회변화와 트렌드, 기업의 치밀한 마케팅전략 등이 한데 모여 있기에 학계의 연구자료로도 활용 가치가 높다. 시대변화와 경제현상, 그리고 기업의 대응전략에 대한 다양한 분석과 예측이 난무하는 시대에 창조적으로 새길을 모색하려는 산업계와 학계 곳곳에서 이 책이 널리 활용되기 바란다.

디에이치 아너힐즈,
대한민국 고급 주거공간의 기준

디에이치 아너힐즈는 2019년 8월 입주 예정인 서울 개포동 개포주공 3단지의 새로운 단지명이다. 디에이치 아너힐즈THE H Honor Hills는 고급 아파트 브랜드라는 새로운 카테고리를 창출한 현대건설의 '디에이치THE H'와 명예를 의미하는 '아너Honor', 그리고 단지 인근에 있는 개포공원, 대모산, 구룡산 등 사계절의 변화를 직접 느낄 수 있는 쾌적한 자연환경을 나타내는 '힐즈Hills'가 결합된 단지명이다.

디에이치 아너힐즈,
강남에 없던 '호텔 같은 집'이 되다

'강남 위의 강남' 또는 반포동과 함께 '쌍포'라고 불리는 강남구 개포동의 한가운데 위치하고 있는 디에이치 아너힐즈는 강남에 있던 기존 고급 아파트보다 '조금 나은 아파트'가 아니라 '전혀 다른 호텔 같은 집'이라는 콘셉트로 고급 주거공간을 구현했다. 그래서 광고 또한 "이제 강남이 당신을 따르고자 합니다. 강남에 없던 호텔 같은 집"이라는 메시지를 소비자들에게 전달했다.

디에이치 아너힐즈는 조합원 및 강남에 거주하는 청약 예정자들을 대상으로 2년 넘게 조사한 소비자 니즈를 상품기획 단계부터 반영한 것으로 잘 알려져 있다. 또한 잠재 소비자들이 거주하거나 이용하는 국내외 주요 고급 아파트, 단독주택, 빌라, 그리고 호텔과 리조트 등을 방문하여 이들의 장점도 상품에 반영했다.

이는 개포동을 넘어 대한민국 고급 주거공간의 기준을 제시하고자 했던 조합과, 국내에서 고급 아파트 브랜드라는 카테고리를 최초로 만든 '디에이치THE H' 브랜드를 성공적으로 론칭하고자 했던 시공사 현대건설의 니즈가 서로 부합했기 때문이었다.

디에이치 아너힐즈는 2016년 분양 당시까지 서울 지역 1,000세대 이상 단지 중 최고 분양가였음에도 불구하고, 100.6:1이라는 최고의 평균 청약률에 4일 만에 완판이라는 기록을 달성했다.

그 결과, 디에이치 아너힐즈는 '개포의 랜드마크'가 아니라 대한민국 고급 주택의 기준인 '대한민국 프리미엄 1번지'가 되었다. 그리고 디에이치 아너힐즈는 이제 대한민국에서 가장 살고 싶은 집이지만 누구나 살 수 없는 집이 되었다.

디에이치 아너힐즈,
'강남 위의 강남' 개포동의 한가운데에 위치하다

강남구 개포동은 2019년 1월 현재 서울뿐만 아니라 전국에서 가장 아파트 가격이 비싼 지역으로, '강남 위의 강남'으로 불린다. KB부동산의 '2019년 1월 단위면적당 아파트 평균가격' 자료에 의하면, 개포동은 현재 3.3㎡(평)당 평균 8,438만 원으로 나타났다. 이는 서초구 반포동 6,603만 원, 강남구 압구정동 6,204만 원, 서초구 잠원동 5,775만 원, 강남구 대치동 5,313만 원, 강남구 삼성동 4,910만 원 등 서초구와 강남구의 다른 지역들에 비해 3.3㎡(평)당 2,000~3,000만 원가량 높은 수준이다.

개포동은 서울 강남권에서도 가장 남쪽에 위치하고 있으며, 1970년대 말까지만 해도 양재천의 영향으로 갯벌이 주를 이뤘던 지역이다.

그리하여 개펄, 개패 등으로 불리다가 개포開浦가 됐다. 정부는 1980년대 초 대규모 서민주거단지 공급을 위해 이 일대를 '개포택지개발지구'로 지정하고 2만여 가구를 조성했다. 대부분 단지가 5층 이하, 전용면적 30~60㎡ 중심의 저층, 초소형 서민보금자리 아파트 밀집지역이라는 인식이 강했다.

하지만 1980년대 중후반부터 개포동의 분위기가 반전되기 시작했다. 정부는 강남 개발에 맞춰 강북에 몰린 수요를 분산시키기 위한 방안으로 서울의 명문 고등학교들을 대거 강남으로 이전시켰다. 개포택지개발지구 인근에는 경기여고, 숙명여고, 중동고 등 강북의 명문고들이 들어섰다. 이후 개포동은 건너편에 위치한 대치동과 함께 '강남 8학군'으로 불리며 승승장구했다.

개포동은 2019년 2월 개포주공 2단지, 8월 개포주공 3단지를 시작으로 2022년까지 총 1만8,000여 재건축 세대가 입주할 예정으로, 고층·중대형 고급 아파트 단지로 변모할 것이다. 또한 행정구역은 다르지만 개포택지개발지구에 속한 일원동까지 개발이 모두 완료되면 약 4만 가구의 신도시급 고급 아파트촌이 완성될 예정이다.

2022년 이후 개포택지개발지구는 국내 주요 건설회사들의 브랜드 경쟁 각축장으로 변모할 가능성이 높다. 개포주공 1단지에는 현대건설과 현대산업개발이, 개포 2단지(1,957세대)에는 삼성물산 래미안 블레스티지가, 개포 3단지(1,320세대)에는 현대건설 디에이치 아너힐즈가, 개포 4단지에는 GS건설 개포그랑자이가 준공될 예정이다.

또한 2019년 2월 강남구청은 개포주공 5·6·7단지에 대해 각각 재

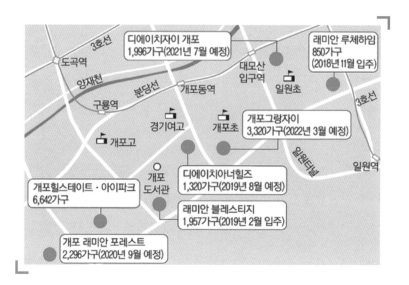

건축 추진위원회 구성을 승인했으며, 개포주공 8단지는 현대건설, 현대엔지니어링과 GS건설의 디에이치 자이 개포가 준공될 예정이다.

일원동 또한 2018년 11월 삼성물산 래미안 루체하임(구 일원현대아파트) 입주를 시작으로, 현대건설 디에이치 포레센트(구 일원대우아파트) 등 빅 브랜드 아파트들이 준공될 예정이다.

개포동은 강남권에 거주하는 사회 지도층 및 전문가들이 가장 선호하는 지역이다. 이는 개포동이 향후 강남의 교통과 생활의 중심지가 될 삼성동과 수서동(SRT역), 그리고 2015년 7월부터 R&D 특구가 조성되고 있는 양재동·우면동 가운데에 있고, 강남을 비롯해 강북과 경기 남부권까지 이동이 수월하기 때문이다.

특히 개포동과 인접한 삼성동은 현재 서울시가 역점사업으로 추진

중인 영동대로 지하공간 통합개발이 완성되고 나면 광역복합환승센터로 변모할 예정이며, 향후 완공 예정인 105층의 현대자동차 GBC^{Global Business Center}와 연결될 경우 지하도시의 모습도 갖추게 될 것으로 보인다.

디에이치 아너힐즈는 이러한 개포택지개발지구의 한가운데에 위치하고 있으며, 입주민들은 남측향으로 마주보고 있는 개포공원을 마치 앞마당처럼 사용할 수 있다. 또한 양재천을 비롯한 대모산, 구룡산 등 사람이 거주하기 좋은 친환경적인 주거생활을 누릴 수 있어 고급 주거공간으로서 갖추어야 할 위치조건을 모두 충족하고 있다.

디에이치 아너힐즈,
강남에 없던 다양한 수식어로 불리다

디에이치 아너힐즈는 지하 3층~지상 33층, 23개동, 총 1,320가구 규모로, 강남에 있는 기존 아파트보다 조금이 아닌 전혀 새로운 '호텔 같은 집'이라는 콘셉트로 제공된 고급 주거공간이다. 그렇다 보니 디에이치 아너힐즈는 공원 뷰 아파트, 강남 최고 프라이버시 아파트, 대한민국 공동주택 최초 보피BOFFI 적용 아파트, 강남 도심 최초 빌라형 테라스 아파트, 강남 최대/단일 커뮤니티 아파트 등으로 다양한 수식어와 함께 불리고 있다.

디에이치 아너힐즈,
공원 뷰 아파트로 불리다

우선, 디에이치 아너힐즈는 '공원 뷰 아파트'라고 불린다. 디에이치 아너힐즈의 약 95% 세대는 단지 인근의 남측향에 있는 개포공원과 대모산을 바라볼 수 있다. 이러한 동 배치를 선택한 이유는 미국, 영국 등 선진국의 고급 주택이 대부분 공원과 산 등 자연환경을 바라볼 수 있게 동 배치를 하고 있다는 점과 강남권 조합원 조사 결과, 공원 뷰에 대한 소비자 니즈가 매우 강한 것으로 나타났기 때문이다.

그리하여 디에이치 아너힐즈는 대부분의 세대 내부에서 개포공원과 대모산을 바라볼 수 있게 했고, 단지 내에서 걸어서 개포공원까지 갈 수 있도록 연결하여 개포공원을 앞마당으로 활용할 수 있도록 했다.

또한 디에이치 아너힐즈는 전체 거실과 주방에 이건창호의 프리미엄 창호인 '수퍼Super 진공유리'를 사용했다. 이는 단열과 차음 성능이 우수할 뿐만 아니라, 이중창이 아닌 단창을 통해 거실에서 공원 뷰를 극대화하기 위한 것이다.

디에이치 아너힐즈는 단지 환경 및 조경에 대해서도 개포근린공원을 단지 앞마당으로 끌어와 만든 현대미술관을 모티브로 하고 있다. 단지 곳곳에 유명 작가의 작품 및 조각품을 전시하고 있으며, 예로부터 '부富'와 연결된다는 테마 물길 6곳을 만들어 예술과 자연이 어우러지도록 했다.

두 번째, 디에이치 아너힐즈는 강남 최고 '프라이버시 아파트' 라고도 불린다. 디에이치 아너힐즈는 모든 세대 내부에 강남 최초로 적용된 두께 240mm 슬라브를 통해 층간소음을 완화하여 조용하고 편안한 생활을 가능하게 했다. 디에이치 아너힐즈 이후, 강남권 재건축 단지 대부분은 240mm 또는 그 이상의 슬라브 두께를 적용하고 있다. 또한 디에이치 아너힐즈는 강남 도심 최초 범죄예방환경설계 인증에 준하는 설계로 안심 아파트를 구현했다.

세 번째, 디에이치 아너힐즈는 대한민국 공동주택 최초 '보피 적용 아파트'로 불린다. 강남권 조합원과 청약 예정고객 대상 조사 결과, 남들과 다른 희소성 있는 상품에 대해서 가격을 더 지불할 용의가 충분한 것으로 나타났다. 그래서 디에이치 아너힐즈는 주방가구의 경우 국내 공동주택 최초로 이탈리아 하이엔드 주방가구인 '보피BOFFI'를 적용했다. 보피는 독일의 불탑Bulthaup, 이탈리아 아크리니아Arclinia와 함께 세계 3대 명품가구로 꼽힌다.

또한 디에이치 아너힐즈는 소비자 니즈를 반영하여 세대 내부를 고급 마감재와 수입 가구로 시공하고, 군더더기 없는 평면과 다양한 옵션도 제공했다. 특히 주방가구, 빌트인 가전, 욕실 자재 등에는 수입산 마감재를 적용했다.

네 번째, 디에이치 아너힐즈는 '강남 도심 최초 빌라형 테라스 아파트'라고도 불린다. 기존 강남 고급 아파트의 테라스 하우스가 같은 동의 최상층이나 1층에 배치된 반면, 디에이치 아너힐즈는 고급 단독주택처럼 별동으로 테라스 하우스를 공급하고 있다. 총 14세대의 테라스 하우스 중에서 8세대가 빌라형 테라스 하우스이며, 그중 겨우 4세대만 일반 분양되었다.

디에이치 아너힐즈의 빌라형 테라스 하우스는 2016년 8월 분양 당시 기업체 CEO, 언론사 대표, 유명 의사와 교수 등 수많은 VVIP들이 보고 갔다는 소문이 자자하다. 그만큼 상품성뿐만 아니라 희소성에서도 뛰어났기 때문이다.

마지막으로 디에이치 아너힐즈는 강남 '최대/단일 커뮤니티 아파트'라고도 불린다. 대부분 아파트의 커뮤니티 공간은 다른 주거공간을 짓고 난 후 설계하다 보니 단지 곳곳에 분산 배치된다. 반면, 디에이치 아너힐즈는 상품기획 초기부터 설계에 반영하여 커뮤니티 공간을 318~321동 아래 한곳에 위치하도록 했다.

그 결과, 강남 일반 아파트의 평균 커뮤니티 공간 크기인 약 1.9㎡(0.6평) 대비 3배 이상 많은, 분양 당시 강남 최대 커뮤니티 공간 면적인 세대당 6.6㎡(2평)에 다양한 커뮤니티 시설이 하나의 공간에 모두 모여 있어 통합관리가 용이하다는 사실 하나만으로도 놀라움까지 제공했다.

디에이치 아너힐즈의 커뮤니티 공간에는 강남 최대 비거리인 15m의 실내 골프연습장, 강남 최초 8m 높이의 클라이밍 시설(암벽 등반)을 비롯하여, 5성급 호텔 수준의 피트니스와 사우나, 실내 체육관, 실내 수영장과 어린이 풀장, 방음시설을 완비하여 악기연주와 음악감상 용도로 이용 가능한 아트룸, 카페테리아 등 다양한 시설이 있으며, 317동에는 대모산과 강남 조망이 가능한 최상층(30층) 스카이라운지와 썬큰정원 주변에 게스트 하우스와 스튜디오가 계획되어 있다.

커뮤니티 공간의 로비와 복도는 바닥과 벽체를 고급 천연 대리석으로 마감해 고급스러움을 더하고 있다. 아울러 세대 내부 출입, IOT 시설, 커뮤니티 공간 운영은 강남 도심 최초로 휴대폰 하나로 모든 것이 해결 가능하도록 기획되어 있다.

디에이치 아너힐즈,
주거공간 VIP 마케팅의 정석을 선보이다

디에이치 아너힐즈는 2016년 8월 주택도시보증공사HUG로부터 두 차례나 분양 보증을 거부당했다. 또한 8.25 가계부채대책에 따라 중도금 대출이 막혔음에도 불구하고, 분양 당시까지 서울 지역 1,000세대 이상 단지 중 최고 분양가와 최고 평균 청약률 100.6:1(최고 청약률 1198:1, 84A타입)을 기록했다. 계약 또한 4일 만에 완판됐다.

이러한 디에이치 아너힐즈의 성공적인 분양은 명확한 목표 타깃 선정과 수요에 대한 정확한 예측, 그리고 VIP 마케팅의 기본인 최초 마케팅, 노이즈 마케팅, 희소성 마케팅을 시행한 결과로 보인다.

우선, 디에이치 아너힐즈는 '최초 마케팅'을 실시했다. 디에이치 아너힐즈는 현대건설의 고급 주거공간 브랜드인 '디에이치THE H'로 분양하는 최초 단지였다. 그렇다 보니 디에이치의 첫 번째 분양 단지라는 것 하나만으로도 화제가 되었다.

또한 상품 측면에서도 강남 도심 최초 빌라형 테라스 하우스, 강남

최초 240mm 슬라브 두께 적용, 국내 공동주택 최초 명품 수입 주방
가구 보피 적용 등 다양한 최초 상품 아이템 도입으로 VIP들의 니즈를
충족시켰다.

두 번째, 디에이치 아너힐즈는 의도와 상관없이 '노이즈 마케팅'의
성공사례로 언급되고 있다. 디에이치 아너힐즈는 2015년 관리처분
계획 인가를 받을 때 조합원 분양가가 3.3㎡당 3,200만 원, 일반 분양
가가 3.3㎡당 3,800만 원이었다. 그런데 2016년 분양 시점 주변 부동
산 중개업소에서 디에이치 아너힐즈 분양가가 3.3㎡당 평균 4,457만
원, 최고 3.3㎡당 5,166만 원(130㎡ 테라스형)으로 책정됐다는 말이 흘
러나오면서 고분양가 논란에 기름을 부었다.

그러자 정부는 2016년 8월 중도금 대출을 규제하는 8.25 가계부채
대책을 발표했으며, 주택도시보증공사를 통해 주변 인접단지 최고 분양
가의 10%를 초과하여 책정할 수 없다는 분양가 인하 압력을 행사했다.

이로 인해 연일 TV 뉴스, 신문 기사 등 언론에서는 정부의 분양가
통제 및 중도금 규제 관련 이슈를 다루었다. 그 결과 디에이치 아너힐
즈는 자연스럽게 강남권 고객들에게 최고 주거상품의 이미지가 전달
되었다. 특히 '얼마나 좋은 단지이기에' 라는 호기심까지 전해지면서
2016년 8월 무더운 날씨에도 아랑곳없이 디에이치 아너힐즈 견본주택
에는 방문자로 인해 인산인해를 이루었다.

결국 디에이치 아너힐즈의 평균 분양가는 주택도시보증공사의 두
번의 분양 승인 거부로 최초 3.3㎡당 4,457만 원 → 4,319만 원 →
4,138만 원(개포 2단지 래미안 대비 +10%)으로 최종 결정되었다. 그러다

보니 평균 3.3㎡당 4,138만 원이라는 최고 분양가임에도 불구하고, 강남 VIP 고객들에게는 '로또 아파트'라고 인식되었다.

세 번째, 디에이치 아너힐즈는 총 1,320세대 중에서 일반 분양세대가 69세대에 불과하여 '희소성 마케팅'을 실시했다. 분양 광고에서도 '대한민국의 오직 69분에게만 바친다'라는 메시지로 희소성을 강화시켰다. 디에이치 아너힐즈는 누구나 갖고 싶어 하는 집이지만, 누구나 가질 수 없는, 기존 강남에 없던 희소성 있는 아파트임을 분양 단계에서부터 철저하게 전달한 것이다.

디에이치 아너힐즈는 사전분양 단계에서 TV, 라디오, 신문 광고 등 매스미디어 광고를 지양하고, 호텔 VIP 설명회와 1:1 상담을 실시했다. 남들과 다르게 대우받기를 바라며, 대중이 없는 곳에서 상담하기를 원하는 VIP들의 특성을 반영한 것이다.

그래서 디에이치 아너힐즈는 강남권 고객들이 접근하기 용이한 그랜드 인터컨티넨탈 호텔에서 2주 동안만, 매일 3회씩, 사전예약자를 대상으로만 VIP 상담을 진행했다. 상담자에게는 희망자에 한해 VIP 카드를 발급하여 견본주택 사전관람 기회와 견본주택 오픈 시 전용 상담석 제공, 예비 당첨자 계약 이후 잔여가구에 대해 우선 계약 기회 제공 등 'Because of you(당신이기 때문에)'라는 특별함을 부여했다.

INTERVIEW

장영수 | 디에이치 아너힐즈 조합장

주거공간으로서의 완벽함을 추구하기 위해 상품기획에서 시공, 분양에 이르기까지 가장 주의를 기울인 부분에 대해 설명 부탁드립니다.

디에이치 아너힐즈는 강남 최고의 입지조건을 갖추고 있습니다. 단지 전면으로는 개포공원과 대모산이 위치해 있습니다. 조합에서는 입지에 걸맞은 대한민국 최고의 주거상품을 개발하기 위해 강남권 조합원들의 니즈를 집중적으로 조사했습니다. 조사 결과, 강남권 조합원들은 거실의 크기와 주방, 그리고 수납공간을 중요시하는 것으로 나타났습니다. 디에이치 아너힐즈에서는 이러한 조합원들의 니즈를 적극적으로 반영했습니다.

디에이치 아너힐즈는 세대 내부의 개방감과 전망이 차별화 포인트입니다. 이는 해외 고급 주택들이 공통적으로 전망과 필로티의 개방감을 중요시한다는 점을 반영한 것입니다. 디에이치 아너힐즈는 6m 높이의 필로티 구조를 통해 동 출입구의 개방감을 높여, 대부분의 세대에서 개포공원을 조망할 수 있도록 했습니다. 또한 시야를 방해할 수 있는 분할창이 아닌 단열 통창을 통해 전망을 최대치로 즐길 수 있게 했습니다.

"강남에 없던 호텔 같은 집, 디에이치 아너힐즈"의 입주자분들이 가장 만족스러워하고 자부심을 느끼는 부분은 어떠한 점들일까요?

디에이치 아너힐즈는 세대 외부적으로 '현대미술관 같은 집', 세대 내부적으로 '호텔 같은 집'을 추구했습니다. 이를 위해 현대미술관이 연상되는 조경과 단지환경, 그리고 유명 작가들의 예술작품과 시설물을 도입했습니다.

해외 자산가들은 호텔이나 리조트에 거주하는 경우가 많습니다. 고급 주택은 그러한 호텔 같아야 합니다. 이를 위해서는 피트니스센터, 실내 골프연습장, 실내 수영장 등의 커뮤니티 시설이 필수요소입니다. 실제 디에이치 아너힐즈의 커뮤니티 공간에 배치된 피트니스센터의 경우, 5성급 호텔에 있는 시설과 동일한 수준의 퀄리티를 보유하고 있습니다. 운영 측면에서도 입주민들의 편의를 위해 출입카드를 스마트폰으로 대체하고자 합니다. 스마트폰 하나로 공동현관뿐만 아니라, 커뮤니티 시설 등을 자유롭게 출입할 수 있을 것입니다.

개포동을 넘어 대한민국 고급 주택의 랜드마크로서의 위상을 견고히 하기 위해 중요하게 반영한 주거상품은 어떤 게 있을까요?

강남 최대의 통합형 커뮤니티는 디에이치 아너힐즈만의 자랑거리이자, 향후 대한민국 고급 주택의 새로운 기준을 제시합니다. 디에이치 아너힐즈는 사전에 철저하게 설계하여, 아파트 지하에 커뮤니티 공간을 통합적으로 배치했습니다. 대부분의 경우 아파트를 짓고 남은 공간에 커뮤니티 공간을 만들어, 커뮤니티 공간이 분산되어 있으며, 이로 인해 통합관리가 힘들 수밖에 없습니다. 디에이치 아너힐즈는 처음부터 커뮤니티 공간을 통합관리하겠다는 생각으로 공간 계획을 했으며, 커뮤니티 운영과 관리 역시 효율을 극대화하는 방식으로 설계되었습니다. 또한 냉·난방비를 줄이기 위해 지열을 활용했으며, 통합관리를 통해 인건비도 최소화했습니다.

차별화된 교육서비스로 일군 1등 브랜드

눈높이
I am the key.

대교 눈높이는 학습자 중심의 개인별·능력별 맞춤교육을 대한민국에 정착시킨 국내 대표 교육서비스 브랜드다. 눈높이는 방문학습은 물론 내방학습까지 가능한 눈높이러닝센터, 체계적 평가 시스템인 스마트학습서비스 등 다양한 채널을 통해 최상의 교육서비스를 제공하고 있다. 또한 '가르치고 배우며 함께 성장한다'는 교학상장敎學相長의 경영철학을 바탕으로 눈높이 교육을 실천하며 대한민국 1등 브랜드의 입지를 굳히고 있다.

개인의 능력에 따라
맞춤형 교육서비스를 제공하는 눈높이

1975년 서울 성북구 종암동의 한 상가에 '종암교실'이라는 이름의 자그마한 학원이 문을 열었다. 규모가 작은 조촐한 학원이었지만, 원장의 독특한 교육방식이 학부모들 사이에서 입소문을 타면서 회원이 급증하기 시작했다. 주입식 교육을 당연시하던 당시 풍토에서 자율교육을 강조한 것이 오히려 큰 효과를 보았던 것이다. 이렇게 처음부터 남다른 교육방식과 철학을 가지고 교육사업을 시작한 장본인이 학습지 시장에서 신기원을 이룩한 강영중 대교그룹 회장이다.

강 회장은 1976년에 일본 구몬(공문) 수학과 제휴하여 학생들이 스스로 공부할 수 있는 학습지를 개발했다. 1980년대에는 과외 금지 조치로 사업이 존폐 상황에 몰리기도 했지만, 기존처럼 학생이 학원을 찾아오는 방식이 아니라, 교사가 직접 교재를 들고 학생을 방문하여 지도하는 방식으로 발상을 전환하여 위기 탈출에 성공할 수 있었다. 국내에서 처음으로 도입된 1:1 방문교육 서비스는 엄청난 인기를 끌었다. 그 후 공문수학은 대교로 회사 명칭을 바꾸었고, '눈높이 교육'으로 대성공을 거두었다.

대교를 대표하는 브랜드인 '눈높이'는 어린이의 눈높이에서 생각하고 눈높이에 맞춰 가르친다는 교육철학을 바탕으로, 개개인의 학력수준에 따라 학습내용이 정해지는 학습자 중심의 개인별·능력별 맞춤학습 시스템이다. 눈높이 교육은 철저히 소비자 중심의 경영전략을 고수하며 훌륭한 자질과 눈높이 교육에 소명감을 갖춘 눈높이 선생님을 통해 철저한 1:1관리를 하고 있다. 아울러 학력진단평가, 형성평가, 구두평가 등 체계적인 평가 시스템을 통해 학습효과를 더욱 높이고 있다.

눈높이 교육 프로그램은 전문교사들을 통해 1:1 학습관리를 실시하고 있다. 동시에 눈높이 학습관리 시스템인 '스마트 MOS'를 활용하여 과학적으로 분석한 회원 데이터를, 눈높이 앱을 통해 학부모에게 실시간으로 전송한다. 학부모는 눈높이 앱을 통해 눈높이를 학습하는 자녀의 학습결과를 실시간으로 확인할 수 있으며, 자녀 교육에 유용한 교육정보도 바로바로 확인할 수 있다. 또한 자녀의 1:1 맞춤학습관리, 학습진도, 눈높이러닝센터 출결 현황, 주간 및 월간 학습결과 등도 실시간으로 확인할 수 있다.

눈높이 교육서비스는 방문학습 위주에서 내방학습까지 가능하게 해주는 눈높이러닝센터를 비롯하여, 스마트학습서비스·눈높이학습관 등 다양한 채널을 운영하고 있다. 특히 자기주도적인 학습 프로세스를 실시하는 눈높이러닝센터는 스마트러닝이 가능한 학습공간과 환경을 제공하여 회원들의 기초학력 향상에 많은 도움을 주고 있다.

눈높이를 대표하는 제품으로는 눈높이수학, 눈높이국어, 눈높이영

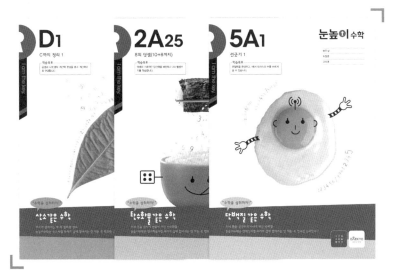

대교 '눈높이수학' 시리즈

어, 눈높이한국사, 눈높이사회플러스온, 눈높이과학플러스온, 눈높이
한자 등이 있으며 '눈높이 똑똑시리즈', 홈스쿨링 미술프로그램 '눈높
이아티맘', 독서교육프로그램 '눈높이창의독서' 등 영유아 전문 학습
프로그램도 있다.

　눈높이 교육서비스는 이 외에도 PC를 이용하여 완전한 자기주도학
습을 도와주는 디지털 학습 프로그램인 써밋수학, 그리고 내신 대비
프로그램인 눈높이스쿨수학과 눈높이스쿨국어를 개인별 맞춤서비스
로 제공하고 있다.

대교 눈높이

사회적 책임을 다하는
건강한 기업

자그마치 42년 동안 교육서비스업계에서 부동의 1위 자리를 지켜온 대교는 건강한 기업으로 사회적 책임을 다하는 사회공헌활동에도 앞장서고 있다. 대표적으로 대교문화재단과 세계청소년문화재단을 통해 눈높이교육상, 대교국제조형심포지엄, 코너스코리아, 눈높이아동문학대전 등 다양한 문화예술활동을 후원하고 있으며, 미래 세대를 위한 교육문화 지원사업도 지속적으로 진행하고 있다. 대교 임직원과 눈높이 선생님으로 구성된 '눈높이사랑봉사단'도 매월 급여에서 일정액을 적립하여 주변 이웃과 사회에 도움을 주는 대교의 대표적인 봉사단이다. 2000년에 창단되어 전국 18개 지회, 7000여 명의 단원으로 구성된 눈높이사랑봉사단은 지회별로 소년소녀가장 돕기, 결식아동 돕기, 보육원·양로원 방문, 무료 학습지원 등 다양한 나눔활동을 펼치고 있다. 최근에는 지진으로 큰 피해를 입은 포항 주민들을 위해 구호물품을 전달하기도 했다.

2018년에도 눈높이 신세종 지점이 세종시 한솔동지역사회보장협의체와 '똑똑한솔' 학습지 지원사업 업무협약을 맺었다. 똑똑한솔은 경제적 어려움으로 학습기회가 부족한 관내 아동들에게 학습지 한 과목 수강료를 전액무료로 지원할 뿐 아니라, 개인별 학습수준과 수요에 따라 교육복지 서비스도 제공하는 프로그램이다. 협약에 따라 대교 눈높이 신세종 지점은 대상 아동에게 주1회 맞춤형 방문학습지도를 실시하고 있다. 또 2018년 여름에는 대교 눈높이러닝센터에서 소외계층을 위해 부산진구종합복지관에 김치 200kg을 후원하는 사랑김치나눔 행사를 진행하기도 했다.

이러한 노력의 결과로 국내 대표 교육서비스 기업으로 확고히 자리 잡은 대교 눈높이는 앞으로도 고객의 학습효과 극대화를 위해 개인별 맞춤학습 솔루션을 제공하는 등 차별화된 교육 콘텐츠와 서비스를 제공할 예정이다.

학습 선택권을 넓힌
눈높이의 차별화된 교육서비스

눈높이 교육서비스는 방문학습 이외에 눈높이러닝센터와 통신학습 등 다양한 채널을 운영하며 고객의 학습 선택권을 넓혀왔다. 지난 2009년에 업계 최초로 오픈한 눈높이러닝센터는 학습지 교사가 학생을 방문해 1:1로 진행하던 수업방식과 달리 학생이 원하는 시간에 센터를 방문해 스스로 학습하는 자기주도학습관이다.

눈높이러닝센터는 멀티미디어실, 온라인 동영상 학습, 자습을 위한 학습공간, 개별 코치 등 다양한 시설과 콘텐츠를 갖추었다. 회원들은 센터를 방문하여 매일 일정한 양을 학습하는 습관을 기를 수 있을 뿐 아니라 스스로 학습계획을 세우면서 체계적으로 기초학력을 향상시킬 수 있다. 이렇듯 자기주도학습이 가능한 눈높이러닝센터는 학습진단에서 성장 리포트까지 회원의 학습성장을 이끄는 교육환경을 조성하여 회원들에게 최상의 학습효과를 제공하고 있다.

특히 2018년에는 국내 교육업계 최초로 '공부역량 계발 서비스'를 시작하여 눈높이러닝센터에서 제공하고 있다. 이 서비스는 학습자에게 '4력진단검사', '눈높이성장판', '마스터리카드', '성장리포트'를 제공한다. 먼저 '4력진단검사'는 이해하는 힘, 실천하는 힘, 집중하는 힘, 도약하는 힘 등 네 가지 공부역량을 분석하는데, 진단 결과에 따라 학습자는 맞춤형 학습 플랜을 제공받는다. '눈높이성장판'은 학습자가 태블릿PC를 통해 눈높이러닝센터에서 이루어지는 학습의 모든 과정을 확인할 수 있는 앱이며, '눈높이성장판'에서 제공하는 '마스터리카드'는 체계적인 학습목표와 학습내용을 인지하여 학습에 대한 동기부여에 도움을 주는 역할을 한다. 그리고 '성장리포트'는 눈높이성장판에 누적된 데이터를 분석하여 개별 학생의 핵심역량 변화 상태를 알려주는 리포트로, 학부모가 눈높이 선생님과 소통하는 자료로 활용된다.

현재 전국적으로 운영되고 있는 800여 곳의 눈높이러닝센터를 방문하여 상담하면 무료 학력진단 및 4력진단검사를 받아볼 수 있다. 특히 눈높이러닝센터의 차세대 공부역량 계발 서비스는 학습공간에서 이뤄지는 다양한 정보를 종합·분석해 학습자의 실력 향상과 역량 계발에 도움을 주는 유용한 교육서비스다.

2018년에 대교는 눈높이러닝센터에 '초등독서논술' 과정도 오픈했다. 독서논술 브랜드 솔루니의 학습 프로그램인 초등논술 과정은 전국의 눈높이러닝센터에서 학습자에게 체계적인 독서논술 교육서비스를 제공한다. 이 프로그램에 참여하는 눈높이 회원들은 독서토론논술 전문 과정을 수료한 전문 교사를 통해 논술·서술형 평가 및 수행평가에 효과적인 글쓰기 실력뿐만 아니라 사고력 및 이해력도 향상시킬 수 있다. 학습 단계는 초등 1~3학년생을 대상으로 하는 '초등독서'와 초등 4~6학년생을 대상으로 하는 '초등논술' 프로그램으로 나누어져 있다. 중학생들 역시 눈높이러닝센터에서 오픈한 중등교과문학과 중등통합 논술 프로그램을 통해 독서논술을 학습할 수 있다.

2011년에 새롭게 선보인 '스마트학습서비스'도 대교 눈높이가 제공하는 또 다른 차별화된 교육서비스다. '체계적 평가 시스템인 스마트 학습서비스'는 개인별 학습진단을 통해 올바른 학습처방으로 최적의 학습 포트폴리오를 제시하고 학습결과를 분석하며 학습 데이터를 과학적으로 누적 관리하는 1:1 맞춤형 학습관리 서비스다. '스마트학습 서비스'로 선생님은 방문 즉시 채점을 통해 학생에게 올바른 학습처 방을 제공할 뿐 아니라, 학부모에게는 학습결과를 실시간으로 전달하고 누적 학습결과 분석과 진도 결정 등 과학적인 피드백도 제공할 수 있다.

대교 눈높이는 온라인 학습공간인 '눈높이학습관' 서비스도 실시하고 있다. 눈높이 회원은 스마트폰과 PC를 이용하여 동영상 및 듣기 학습을 할 수 있는 눈높이 학습관을 통해 시간과 장소에 구애받지 않고 언제 어디서나 간편하게 학습할 수 있다. 눈높이학습관은 눈높이 교재에 대한 온라인 학습의 모든 것을 제공하는 제품별 학습방과, 학교 시험 대비 온라인 평가 학습을 제공하는 평가방으로 구성되어 있다. 이러한 온라인 학습공간을 통해 눈높이 회원은 더욱 효율적으로 눈높이 교재를 학습할 수 있다.

글로벌 시장 개척으로
활로를 찾은 눈높이

대교는 1991년 미주 지역을 시작으로 해외 시장 개척에 나서 현재 미국, 중국, 영국, 인도, 홍콩, 싱가포르, 필리핀, 말레이시아 등 세계 20여 개국에 현지 법인 및 프랜차이즈 형태로 진출해 있다. 2012년에는 대교 눈높이의 글로벌 브랜드인 '아이레벨Eye Level'을 론칭하여 현지인 대상 해외사업을 시작했다. 현재 세계 여러 나라에서 600여 개의 아이레벨 러닝센터가 운영되고 있다. 아이레벨 회원들은 국내에서처럼 방과 후에 '아이레벨 러닝센터'를 방문하여 개인의 능력과 수준에 맞게 선생님과 1:1 맞춤학습과 자기주도학습을 진행하고 있다.

대교가 다른 교육업체보다 한 걸음 앞서 해외 시장 진출에 나선 것은 저출산으로 인한 학생인구 감소에 대응하여 새로운 활로를 찾기 위한 것이었다. 특히 지난 2015년 중국 상하이에 아이레벨 러닝센터를 오픈한 이후 본격적인 해외사업 확장에 나섰다. 중국의 사교육 시장 규모는 약 170조 원에 달하며 주요 도시 중산층의 70% 이상이 사교육을 받는 것으로 알려져 있다. 그만큼 사교육 시장의 성장 잠재력이 큰 것이다. 대교는 국내에서 이미 학습효과가 검증된 자기주도학습관인 눈높이러닝센터를 현지 교육환경에 적합한 맞춤형 서비스로 개발하여 중국 시장을 적극 공략하고 있다.

발 빠르게 해외 시장 개척에 나선 대교 아이레벨은 이미 가시적인 성과를 거두고 있다. 2014년에는 싱가포르에서 '가장 빠르게 성장하는 10대 기업'에 선정되었으며, 2015년에는 미국에서 '2015 엔터프레뉴어 프랜차이즈 500랭킹' 중 68위에 올랐다. 또한 2018년에는 인도 뉴델리에서 열린 인도 교육상 시상식에서 대교 인도법인이 '가장 혁신적인 방과후 교육 모델'과 '가장 우수한 수학·영어 방과후 프로그램' 부문 교육상을 수상했다. 향후에도 대교는 아이레벨을 필두로 중국, 인도, 인도네시아에서 집중적인 사업 확장에 나설 구상을 가지고 있다.

교학상장의 경영철학으로
가르치고 배우며 함께 성장하는 눈높이

중국의 5경 중 하나인 《예기》에는 다음과 같은 구절이 나온다.

"좋은 안주가 있다고 하더라도 먹어보아야만 그 맛을 알 수 있다. 또한 지극한 진리가 있다고 해도 배우지 않으면 그것이 왜 좋은지 알지 못한다. 따라서 배워본 이후에 자기의 부족함을 알 수 있으며, 가르친 후에야 비로소 어려움을 알게 된다. 그렇기에 가르치고 배우면서 함께 성장한다고 하는 것이다."

여기서 기원한 사자성어가 바로 스승은 제자를 가르침으로써 성장하고 제자는 배움으로써 진보한다는 뜻을 지닌 교학상장敎學相長이다.

　대교에서는 이러한 교학상장의 경영철학을 바탕으로 현직에서 배우면서 서로 성장하는 참된 교사를 발굴하여 1992년부터 '눈높이교육상'을 시상하고 있다. 이 상은 어려운 여건 속에서도 사랑과 헌신으로 참교육을 실천한 선생님들의 노고에 보답하고자 제정한 교육활동지원사업이다. 대교문화재단에서는 매년 시상 부문과 인원을 확대해왔고, 현재는 국내 최대 규모의 교육상으로 사회에 귀감이 되는 참스승을 발굴하고 있다. 2018년에도 엄격한 추천과 공적심사 과정을 거친 후 초등교육, 중등교육, 유아교육, 특수 및 평생교육, 글로벌교육 부문으로 나누어 부문당 1명씩 총 5명의 선생님에게 눈높이교육상을 수상했다. 대교는 눈높이교육상을 통해 올바른 삶의 스승들을 발굴하여 그 공적

2017년 11월에 진행된 제26회 눈높이교육상 시상식

을 알리고 올바른 인재를 양성하고자 노력하고 있다.

대교에서는 눈높이 교육철학을 현장에서 실천하는 눈높이 선생님들을 위해 '아름다운 동행' 프로그램도 진행하고 있다. 올해로 5년째 실시하는 아름다운 동행은 대교그룹 창업자인 강영중 회장이 눈높이 선생님들과 한자리에 모여 교육서비스의 가치를 공유하고 교육에 대한 열정을 공감하며 소통하는 프로그램이다.

대교는 앞으로도 '가르치고 배우며 함께 성장한다'는 교학상장의 경영철학을 바탕으로 눈높이교육과 눈높이사랑을 실천하며 차별화된 교육서비스를 제공할 계획이다.

INTERVIEW

김연화 | 대교 눈높이마케팅 전략센터장(전무)

초등교육서비스와 유아교육서비스 모두에서 '눈높이'가 교육 산업 1위 브랜드로 시장을 선도하게 된 핵심비결은 무엇인지요?

눈높이 교육서비스는 유아부터 초·중·고등학생까지를 대상으로, 각 학습자의 계층에 맞는 맞춤화된 학습 프로그램을 제공합니다. 개인별 학습 데이터 분석을 통해 학습 비전 및 학습 포트폴리오를 제공하는 '학습자 중심의 맞춤교육 서비스'라고 할 수 있습니다. 변화하는 학습 환경에 맞게, 과목별 커리큘럼에 따른 온라인 학습 콘텐츠 및 디바이스를 제공하여 계층별·과목별 최상의 학습효과를 제공합니다. 또 방문학습 외에도 눈높이러닝센터와 예스클래스, 통신학습 등 다양한 채널을 운영하여, 고객의 니즈에 부합하도록 학습 선택권을 넓혔습니다. 특히 눈높이러닝센터와 예스클래스는 기초학습과 내신학습에 대한 고객의 요구를 모두 충족시킬 수 있는 학습공간과 학습효과를 제공하여 고객만족에 앞장서고 있습니다. 그 결과, 학부모가 인정하는 교육 산업 1등 브랜드가 된 것입니다.

고객만족도를 높이기 위해 연중 고객과의 소통으로 어떠한 노력을 진행하고 계신지요?

첫째, 개인별·능력별 눈높이 프로그램식 학습을 통한 학습자의 노력이 고객만족도를 높이기 위한 최고의 소통이라고 생각합니다. 둘째, 업계 최초 '스마트학습서비스'를 도입하여 개인별 종합 학력 진단을 통해 올바른 학습처방으로 최적의 학습관리를 제공합니다. 눈높이 선생님만의 학습관리 시스템인 '스마트MOS'를 활용한 회원관리 데이터는 과학적으로 학습결과를 분석한 뒤 학부모에게 눈높이 앱을 통해 실시간으로 전송됩니다. 학부모는 눈높이 앱을 통해 내 자녀의 1:1 맞춤학습 관리 및 눈높이러닝센터(예스클래스) 출결, 최신 교육정보 등의 서비스를 받아 볼 수 있습니다. 이렇게 누적된 눈높이만의 회원관리 데이터는 1:1 학습처방을 위한 최상의 솔루션을 제공합니다.

눈높이 브랜드의 지속 강화와 육성을 위한 향후 계획과 포부에 대해 말씀 부탁드립니다.

대표 교육서비스 브랜드 '눈높이'는 고객들에게 꾸준한 사랑을 받은 결과, '2019 한국 산업의 브랜드파워(K-BPI)' 초등교육서비스 부문에서 1위에 선정되며 이 부문 21년 연속 1위라는 성과를 달성하기도 했습니다.

'한국 산업의 브랜드파워'는 소비자의 구매행동에 영향을 미치는 브랜드파워지수로, 한국능률협회컨설팅이 전국 1만2,000명을 대상으로 1:1 대면조사를 실시하며 각 산업 부문별 1위 브랜드를 선정하는 권위 있는 지표이기 때문에 더욱 의미가 있다고 생각합니다. 또한 대교 '눈높이'는 초등교육서비스 부문뿐만 아니라 유아교육서비스 부문에서도 10년 연속 1위 브랜드에 선정되며, 국내 대표 교육 브랜드로서의 위상을 확고히 하기도 했습니다. 개인별·능력별 맞춤학습을 제공하는 '눈높이'는 학생이 스스로 문제를 해결하게 함으로써 잠재력 개발은 물론 창의력을 향상시킨다는 점에서 고객들에게 긍정적인 평가를 받은 결과입니다.

대교 눈높이는 대한민국 교육서비스를 대표하는 최고의 브랜드로서 고객의 서비스 만족도 향상을 위해 학습관리의 핵심을 더욱 강화하고자 합니다. 눈높이 선생님의 핵심가치와 서비스 표준관리를 토대로 핵심제품인 '눈높이수학'의 지속적인 성장을 위해 학습자 계층별로 특화된 서비스를 제공하고 있습니다. 또한 지속적인 성장 기반을 강화하기 위해 유아에서 성인까지 고객 계층을 확장하여 새로운 성장의 핵심을 창출해가고자 합니다.

이를 위해 학습자의 전인적 성장을 도모하는 놀이체험문화 공간과 개인 맞춤 어학교육을 원하는 성인 고객 니즈를 공략한 신사업의 기반을 다지고 있습니다. 눈높이만의 특화된 자기주도학습관으로 성장하고 있는 눈높이러닝센터는 또다시 디지털 기반 자기주도학습으로 혁신을 꾀하고 있습니다. 디지털 자기주도학습관을 통해 학습진단에서 성장 리포트까지 회원의 성장을 이끄는 공간으로 변모하여 고객에게 최상의 학습효과를 제공하고자 합니다.

대한민국 교육 사업의 미래는 눈높이로!!

세계 면세업계의
지형을 바꾸는 글로벌 No.1
롯데면세점

LOTTE
DUTY
FREE

40여 년간 국내 면세업계 1위를 지켜오며 국내를 넘어 아시아 면세점 1위의 위상을 구축한 롯데면세점은 2020년 세계 1위 면세기업으로 도약하기 위해 박차를 가하고 있다. 롯데면세점은 국내 면세점뿐만 아니라 인도네시아, 일본, 베트남, 호주, 괌 등 다양한 국가에서 해외지점을 운영하며, 한국 면세점의 품격을 높임과 동시에 GLOBAL LOTTE DUTY FREE의 독보적인 브랜드파워를 구축해가고 있다.

대한민국 면세업계의
역사를 만든 롯데면세점

1980년 2월 서울 중구 소공동에 우리나라 최초의 면세점이 문을 열었다. 소공동 롯데백화점 8층에 '호텔롯데 면세점'을 개장한 것이 오늘날 연매출 4조 원으로 단일매장 세계 1위를 일군 롯데면세점 명동본점의 출발이 되었다. 롯데면세점의 지난 40여 년의 사세확장 기록은 대한민국 면세점 산업의 역사라 해도 과언이 아니다. 1980년 명동본점 개장에 이어, 해외여행 완전 자유화에 맞춘 1989년 잠실점 개장, 1990년 부산점 개장을 필두로 국내외 여행객의 쇼핑 메카가 되었다.

여행에는 세 가지 맛이 있다. '보는 맛, 먹는 맛, 사는 맛'이 그것이다. 이 가운데 면세점은 여행의 꽃이라고 할 수 있는 '사는 맛'을 배가시켜 여행의 흥분을 한껏 끌어올리는 선발대 역할을 한다. 그런데 국내외 어디에 있는 면세점이건 얼마나 많은 고급 브랜드가 입점되어 있는지에 따라 그 면세점의 격이 달라진다. 롯데면세점에는 독보적인 1위의 위상에 걸맞게 900여 종의 다양한 브랜드가 입점해 있어 여행의 설렘을 증폭시킨다. 해외로 나가는 내국인에게는 각종 이벤트와 할인쿠폰 제공 등으로 평소에 망설였던 유명 브랜드 제품을 저렴하게 구입할 기회를 제공한다. 외국인에게는 한류스타 모델을 통해 첫인상을 더욱 친근하게 하는 첫 관문 역할을 한다.

국내외 고객들이 롯데면세점을 믿고 찾는 이유는 항상 고객만족을 위한 새로운 시도와 정성, 고급스러움과 방대한 규모 등이 지난 40여 년 동안 오롯이 누적되어왔기 때문이다.

먼저 그 규모를 살펴보자면 국내 지점은 명동본점 이외에 월드타워점, 코엑스점, 부산점, 제주점, 인천공항 1터미널점, 인천공항 2터미널점, 김포공항점, 김해공항점 등 9개 지점에서 총 21,448평 규모로 운영되고 있다. 국내 업계 최초로 2012년 인도네시아 자카르타공항에 해외지점 개설을 시작으로 현재는 도쿄 긴자점, 간사이공항점, 괌공항점, 자카르타 시내점, 방콕 시내점, 다낭공항점, 나트랑깜란공항점 등 7개 해외지점이 6,311평 규모로 운영되고 있다.

특히 2018년 문을 연 나트랑깜란공항점은 신터미널에 1,680㎡(약 508평) 규모로 화장품·향수·시계·패션·주류·담배 등 전 품목을 취급하며, 출국장(1,507㎡, 약 456평)과 입국장(173㎡, 약 52평) 면세점 모두 운영하여 사드 보복으로 주춤해진 국내 매출을 만회할 돌파구로 꼽히고 있다.

또한 롯데면세점은 지난 40여 년간 외국인 관광객 유치 측면에서 관광산업 활성화에 기여한 바가 크다. 2015년 한 해에만 173만 명의 외국인 관광객을 유치했으며, 이는 방한 관광객의 13%에 해당하는 비중이다. 이를 통해 롯데면세점은 당해 관광수입의 15%를 창출해내면서 누구도 따라올 수 없는 브랜드파워를 입증했다.

이러한 성과를 내기까지 롯데면세점의 마케팅에는 '최초'라는 수식어가 함께했다. 2004년 업계 최초 한류스타 마케팅 시작, 2012년 업계 최초 해외지점 오픈, 2018년 업계 최초 오세아니아 지점 진출, 2018년 업계 최초 단일 매장 매출 4조 원 달성, 세계 면세점 최초 루이뷔통·에르메스·샤넬 명품 빅3 동시 유치 등, 항상 새롭게 최초를 시도함으로써 대한민국 면세 시장의 성장과 발전을 주도하는 1인자의 자리를 공고히 다져왔다. 그리고 이를 바탕으로 2020년 글로벌 No.1 면세기업으로의 도약을 예고하고 있다.

글로벌 No.1 면세기업의
발판을 다진 해외진출

최다 전국 지점망과 최다 상품을 보유하고 있는 롯데면세점은 국내 면세 시장에 만족하지 않고 적극적으로 해외 시장을 공략한 결과, 현재 도쿄 긴자점, 간사이공항점, 괌공항점, 자카르타 시내점, 방콕 시내점, 다낭공항점, 나트랑깜란공항점 등 7개의 해외지점을 운영하고 있다.

롯데면세점의 해외진출 전략은 크게 세 가지로 구분된다. 첫 번째는 해외지점 신설 증대, 두 번째는 해외 단체 관광객 유치를 위한 해외 사무소 운영, 세 번째는 '빅마켓' 전담조직 운영이다.

해외지점 신설에서 특히 눈에 띄는 곳은 베트남이다. 베트남은 인구 1억 명에 매해 5~6% 경제성장률을 보이며 포스트 차이나로 급부상하고 있어서 앞으로 동남아 면세 시장 개척에 중요한 거점이 될 수밖에 없다. 이에 가장 먼저 공격적인 마케팅을 펼친 롯데면세점은 2017년 9월 베트남 다낭공항점을 오픈하여 영업 첫해부터 흑자를 기록했을 뿐만 아니라 월평균 매출 30억 원, 220%가량의 매출 신장률을 보이고 있다. 2018년 6월에 개장한 베트남 2호점인 나트랑깜란공항점 역시 월평균 50억 원의 매출을 올리며 흑자 행진 중이다. 이에 롯데면세점은 베트남 주요 도시인 하노이, 호치민, 다낭 등에 대대적 투자를 진행하고 시내 면세점까지 추가 오픈해 향후 3년 내에 베트남 최대 면세점 브랜드로 올라선다는 목표를 세웠다.

해외진출 가운데 또 하나 눈에 띄는 곳은 오세아니아 지역이다. 롯데면세점은 2018년 8월, 호주 'JR듀티프리'로부터 호주와 뉴질랜드 지역 5개 매장(브리즈번, 멜버른 시내, 다윈, 캔버라, 웰링턴)을 인수하는 계약을 체결했다. 호주 면세 시장 규모는 한해 1조4,000억 원으로 출국객이 연평균 10% 이상 증가하고 있다. 국내 업체가 오세아니아에 진출한 것 역시 롯데면세점이 처음이다.

한편 롯데면세점의 해외 사무소 운영은 단순한 면세점 매출 증대가 아닌 전체 관광산업에 이바지하는 바가 크다는 점에서 중요한 의미가 있다. 롯데면세점이 해외 관광객을 한국으로 유치하기 위해 해외 현지 사무소를 운영한 것은 1979년 일본 도쿄에 사무소를 설립하면서부터다. 1984년 오사카, 2010년 후쿠오카, 2011년 베이징, 이후 중국 선양 등 일본 3개, 중국 8개, 태국 1개의 현지 사무소를 운영하고 있다.

해외 사무소에서는 인센티브 관광을 포함한 단체 관광객을 현지 여행사와 협업하여 직접 유치한다. 현지 사무소를 통해 유치한 단체 관광객은 롯데면세점뿐만 아니라 문화재, 관광, 공연, 음식 등 다양한 체험에 일정 비용을 소비하므로 그 경제효과가 전체 관광산업으로 확대된다. 중국 현지 사무소에서는 지난 2011년 중국 바오젠 그룹 임직원 1만 명을 제주로 유치한 바 있다. 당시 직접 경제효과 410억 원을 포함해 총 1,300여억 원의 경제효과를 거둔 것으로 파악되었다. 이를 계기로 해외 사무소에서 적극적인 마케팅 활동을 벌인 결과, 2014년 기준 전체 방한 외국인 1,420만 명 가운데 155만 명(10.9%)을 롯데면세점이 직접 유치했다. 중국인 관광객으로 좁히면 비중은 22.7%나 된다.

사드 이후 사업 다각화 측면에서 롯데면세점은 2018년 '빅마켓 담당'이라는 조직을 신설했다. '빅마켓 담당'은 특정 국적에 치우친 매출 구조를 탈피하고 신규 시장을 발굴하는 데 목적을 두고 있다. '빅마켓 담당'은 2018년 러시아, 싱가포르, 베트남, 태국 등 현지 여행박람회에 참석해 방한 관광객 유치활동을 펼쳤다. 대만 국적기 중화항공, 대만 1위 카드사 궈타이은행 등과 제휴도 맺었다. 중화항공, 궈타이은행 고객이 롯데면세점 방문 시 각종 할인혜택을 주는 등 판촉활동을 벌인 것이다. 이러한 노력으로 롯데면세점 동남아 고객 매출액은 2018년 10월까지 서울 시내점 기준 전년 대비 46% 증가했다. 롯데면세점 해외사업은 국내 시장에 머물지 않고 지속적으로 해외 시장을 개척해온 결과, 중국이라는 큰 시장의 위축에도 불구하고 전년 대비 60% 신장하며 성공적으로 정착하고 있다. 특히 일본 도쿄 시내점의 전년 대비 72% 성장, 베트남 면세사업이 영업 첫해부터 달성한 흑자, 오세아니아 최초

진출 등의 다각적 성과가 글로벌 No.1 면세기업으로 가는 발판이 되고 있다.

문화를 파는
한류콘텐츠 전문 면세점

롯데면세점의 다양한 마케팅 전략 가운데 가장 두드러진 점은 한류 콘텐츠를 발굴하고 적극 활용해온 점이다. 모델로 기용된 한류스타를 활용해서 팬미팅, 콘서트, 로드쇼 등을 통해 해외 고객과 직접 교감하는 다양한 문화 콘텐츠를 개발해 세계 한류 시장을 이끌고 있다.

롯데면세점의 한류 마케팅은 2000년대 초반 드라마 〈겨울연가〉의 배우 배용준을 모델로 발탁하며 시작되었다. 롯데면세점은 〈겨울연가〉 촬영지 여행 패키지와 배용준 관련 MD 상품 등 다양한 관광 콘텐츠를 개발하며 해외 관광객을 유치할 수 있는 인프라를 구축했다. 한류스타 기용이라는 발 빠른 전략은 가파른 매출 상승으로 이어졌고, 이런 경험을 토대로 롯데면세점은 대대적으로 한류스타 모델을 발탁해나갔다. 그 결과 국내 스타들에게 '롯데면세점 모델로 활동하는 것은 한류스타의 인증'이라는 인식까지 심어주면서 마케팅의 기본 정석이 되었다.

이후 롯데면세점 모델은 검증된 한류스타들로 구성된 하나의 군단을 형성했고, 패밀리 콘서트를 개최하면서 또 하나의 한류 상품을 발굴해내기에 이르렀다. 2006년부터 현재까지 27회 진행되고 있는 롯데면세점의 대표 한류 상품 '패밀리 콘서트'가 그것이다. 이 행사는 최고의 한류스타와 한국을 대표하는 최정상 아티스트가 벌이는 최고의 한류 페스티벌로 한류 마케팅의 가장 큰 성공사례로 손꼽히고 있다. '패밀리 콘서트'를 통해 롯데면세점은 현재까지 총 13만 명이 넘는 외국인 관광객을 직접 유치, 2,900억 원에 달하는 경제적 부가가치를 창출한 바 있다. 롯데면세점이 기용하고 있는 최정상 한류스타들은 BTS, 이민호, 엑소, 이종석, 지창욱, 2pm, 슈퍼주니어, 트와이스 등 당대 최고 스타 50여 명에 이른다. 이러한 한류스타 라인업을 국내 최초로 문화관광 콘텐츠와 결합시킴으로써 독보적 위상의 한류 콘텐츠를 탄생시킨 것이다.

롯데면세점이 한류 마케팅의 개척자이자 콘텐츠 크리에이터 역할까지 겸할 수 있었던 것은 오랜 시간 끊임없이 현지인들과 교감을 시도한 덕분이다. 일본과 중국, 태국 등 한류스타 붐이 있는 곳이라면 어디에서든 현지 로드쇼를 개최하여 반응을 살피고 관광객 유치에 나서고 있다. 로드쇼에서는 현지 언론사 및 여행업계 관계자와 간담회를 갖는 등, 한국 관광문화와 프로그램을 소개하는 관계자 행사를 따로 진행하여 전체 한국 관광산업을 알리는 역할까지 한다. 또한 일반인 대상으로는 스타 사인회, 포토타임, 축하공연 등을 준비해 현지를 축제의 장으로 만든다. 이처럼 한류를 마음껏 즐길 수 있게 하는 롯데면세점의 로드쇼는 대형 관광박람회를 방불케 하며 현지에서 열광적인 반응을 이끌어내고 있다.

롯데면세점은 해외 VIP 고객을 대상으로 스타 팬미팅도 개최하고 있는데, 최신 트렌드를 반영하여 스타를 주인공으로 하는 웹드라마, 뮤직비디오 등 다양한 한류 상품을 개발해 해외 고객의 눈길을 사로잡고 있다. 일련의 스타 관련 마케팅은 해외 관광객이 한류 콘텐츠를 체험할 수 있는 관광TOUR과 엔터테인먼트ENTERTAINMENT를 결합한 엔터투어먼트ENTER-TOUR-MENT 마케팅의 개념을 새롭게 제시하는 계기가 되고 있을 뿐 아니라, 한류가 전 세계적으로 각광 받는 데도 중요한 역할을 하고 있다.

빠르고 다양하고 폭넓은
고객중심 마케팅

롯데면세점은 늘 최초를 시도한 국내 면세업계의 선두주자답게 편안하면서도 고급스러운 부티크형 쇼핑공간과 실속 있는 다양한 행사들로 눈길을 사로잡는다. 2018년 1월 개점한 인천국제공항 제2터미널 매장에는 부티크형 매장 '플래그십스토어'가 들어서 있다.

롯데면세점 인천공항 제2여객터미널점은 총 1,407㎡(426평) 규모로 주류·담배·식품 등 130여 개 브랜드가 입점한 가운데 고급 주류·담배 브랜드들도 대거 포함되어 있다. 국내 면세점업계 최초로 발렌타인, 로얄살루트, 헤네시, 조니워커, KT&G 릴, 필립모리스 아이코스 등 유명 6개 브랜드를 총 316㎡(96평) 규모의 플래그십 매장에서 만날 수 있다. 플래그십 매장은 주류 매장 전체가 바Bar 형태를 이루고 있어 시각적 체험을 제공하고, 프리미엄 브랜드 제품을 시향·시음할 수 있게 했다. 이 같은 부티크형 주류·담배 매장은 두바이, 홍콩, 암스테르담 공항 등에서 운영 중이지만 국내에는 처음으로 도입되었다.

고객들의 보다 편리한 쇼핑을 위해 인터넷·모바일 면세점 또한 업계 최고 수준 서비스를 제공하고 있다. 세계 최초로 한·중·일·영 4개의 언어를 하나의 온라인·모바일 플랫폼으로 통합함으로써 내국인과 외국인, 컴퓨터와 핸드폰 구분 없이 각자의 언어와 도구로 편리하게 주문할 수 있게 한 것이 재방문 고객을 늘려가는 비결이 되었다. 화장품 제형과 피부 타입까지 선택할 수 있도록 상세화된 상품검색 필터, 간편주문 시스템, 실시간 문제 해결 셀프 상담, 고객혜택 탭 등 고객에게 최적화된 온라인 쇼핑 환경을 제공하여 편리성을 극대화시켰다. 이러한 노력의 결과로 2018년 롯데인터넷면세점의 매출은 2조 원을 돌파했다.

롯데면세점은 고객을 중시하는 마음을 기반으로 매출 증대에만 그치지 않고 다양한 사회공헌활동을 통해 어려운 이웃까지 생각하고 있다. 2012년부터 이어져오고 있는 해외 심장병 아동 수술 지원 사업 '러브 하트'는 글로벌 기업으로서 사회적 책임을 다하기 위한 롯데면세점의 노력이다. 지속적으로 비영리재단과 협력하여 베트남·말레이시아·중국 등의 심장병 환아 수술을 지원, 현재 총 12명의 아동이 '러브 하트' 사업을 통해 심장병 수술을 받았다.

이 밖에도 국제구호개발 NGO 굿네이버스와 함께 진행하고 있는 인도네시아 해외아동결연 사업에는 임직원 200여 명이 참여하고 있으며, 각 임직원과 회사가 공동으로 기부한 후원금은 약 2억 원에 달한다. 롯데면세점은 세계 각국의 고객들이 보내준 사랑에 보답하고자 '러브 하트'와 같은 글로벌 사회공헌활동을 꾸준히 펼칠 계획이다.

젊은층을 겨냥한
타깃 마케팅

일반적으로 온라인과 모바일의 편리성을 가장 적극적으로 활용하고 있는 연령층은 20~30대다. 당연히 롯데인터넷면세점은 이들을 겨냥한 타깃 마케팅을 강화하고 나섰다. 20~30대 사용빈도가 높은 카카오페이, 배달의민족과 연계한 제휴 포인트 증정, 화장품 리뷰 어플 1위인

롯데면세점은 국내 패션·뷰티업계에서 가장 영향력 있는 1인으로 손꼽히는 메이크업 아티스트 '포니PONY'를 전속 모델로 발탁, 뷰티 관련 마케팅 활동을 펼치고 있다.

'화해' 회원을 대상으로 한 '화해 데이' 프로모션, 위메프 '블랙프라이스 데이BLACK PRICE DAY', 마켓컬리 할인쿠폰 등 매월 다양한 입소문의 진원지에서 마케팅 활동을 펼치고 있다.

특히 K-뷰티가 산업군으로 분류될 만큼 한국 화장품에 대한 국제적인 신뢰도가 뛰어나고 고객충성도가 높은 점을 감안, 국내 패션·뷰티 업계에서 가장 영향력 있는 1인으로 손꼽히는 메이크업 아티스트 '포니PONY'를 전속모델로 발탁했다. 세계적인 메이크업 아티스트로 인정받고 있는 포니는 유튜브 구독자 455만 명, 인스타그램 팔로워 574만 명, 중국 웨이보 팔로워 707만 명을 보유하고 있는 K-뷰티 전도사다.

쇼핑도 '냠냠' 맛있게 만드는
트렌드 마케팅

롯데면세점의 마케팅은 광고를 광고에서 그치지 않고 캠페인으로 확산되게 만든다는 점에서 특별하다. 롯데면세점이 '쇼핑을 맛있게 사다 냠'이라는 새로운 광고캠페인을 시작했는데, 사명을 한글로 형상화한 점에서 한류 콘텐츠를 만드는 기업의 자존감까지 엿볼 수 있다. '냠'은 롯데면세점Lotte Duty Free의 영문 첫 자인 LDF를 한글로 형상화한 것으로, 맛있는 음식을 먹을 때 기분이 좋아지면 '냠냠' 소리를 내는 것처럼 롯데면세점에서 기분 좋은 쇼핑을 하라는 의미를 담고 있다. 친근하면서도 중독성 있는 의성어 때문에 내국인들에게도 한층 더 가깝게 롯데면

롯데면세점의 아이돌 모델인 9명의 트와이스 멤버들은 광고 영상에서 '냠'이라는 단어 하나로만 대화를 하며 보는 이들의 호기심을 자극한다.

세점이 각인되었다.

롯데면세점의 아이돌 모델인 9명의 트와이스 멤버들은 광고 영상에서 '냠'이라는 단어 하나로만 대화를 하며 보는 이들의 호기심을 자극한다. 롯데면세점에서 쇼핑을 하고 풍성한 혜택을 받자는 대화의 모든 어절을 '냠'으로 대신한 것이다. 자막을 보면 내용이 이해가 되지만 소리만 들었을 땐 전혀 내용을 파악할 수 없어 '냠'의 반복은 광고의 주목도를 높이는 역할을 한다. 해당 영상은 한국어, 영어, 일본어 등 다양한 언어로 공개되어 400만 이상의 조회수로 뜨거운 관심을 받은 바 있다.

이 외에도 모바일 매거진 〈냠〉 론칭과 더불어 '쇼미더 냠', '냠다른 스타일', '냠다른 풀파티' 등의 '냠 캠페인'을 통해 고객에게 친숙한 브랜드로 이미지를 재정립하고 있으며, 온라인면세점의 파격적인 고객 프로모션을 통해 국내 면세 시장에서 경쟁력을 강화해나가고 있다.

2020년 글로벌 No.1을 향한
한국형 마케팅

롯데면세점의 역사는 곧 한국 면세산업의 역사라 할 수 있다. 1980년 2월 서울 소공동에 최초로 문을 연 이후 명동본점, 월드타워점, 코엑스점, 인천공항 1터미널점, 인천공항 2터미널점, 김포공항점, 김해공항점, 부산점, 제주점 등 국내 9개 지점과 인도네시아, 괌, 일본, 베트남 등 해외 7개 매장을 운영하면서 국내 면세 시장을 개척하고 면세산업의 성장과 발전을 주도해왔기 때문이다. 이런 성장과 발전을 바탕으로 롯데면세점은 창의적인 브랜드 광고캠페인을 벌이며 고객에게 친숙한 브랜드로 이미지를 재정립했다. 또한 온라인 면세점의 파격적인 프로모션을 통해 국내 면세 시장에서 경쟁력을 강화해왔다. 롯데면세점은 향후에도 지속적인 투자를 통해 국내외 시장 확대에 나선다는 방침이다. 이에 브랜드 경쟁력 강화에 나서 2020년까지 세계 1위 면세점으로 도약하겠다는 목표를 세웠다. 이를 위해 해외 지점 및 현지 사무소를 기반으로 다양한 한류 콘텐츠의 발굴 및 적극 활용, 국내외 다채로운 기업들과의 마케팅 제휴 등 브랜드 경쟁력 강화에 나서는 한편, 국내 관광산업 발전과 경제 활성화에도 이바지해나갈 계획이다.

　지금까지 롯데면세점은 관광산업 발전과 경제 활성화를 함께 일궈낸 힘을 바탕으로 대한민국 대표 브랜드 가치를 지켜왔다. 이에 한류 대표 브랜드, 아시아 대표 브랜드를 뛰어넘어 글로벌 No.1 브랜드로 거듭날 앞으로의 행보에 업계의 이목이 집중되고 있다.

디지털 영업과 글로벌 진출로
새롭게 도약하는 신한은행

신한은행

2018년을 '디지털 영업의 원년'으로 선포한 신한은행은 새로운 모바일 통합 뱅킹 앱 '신한 쏠SOL'과 금융권 최초의 빅데이터 플랫폼 '신한 데이터 쿱 COOP'을 출시하여 디지털 금융서비스 역량을 더욱 강화하고 있다. 동시에 국내 시장을 뛰어넘어 글로벌 시장 진출에도 많은 힘을 쏟고 있다. 신한은행은 디지털 역량 강화와 글로벌 시장이라는 쌍두마차를 성장의 원동력으로 삼으며 미래 금융의 트렌드를 선도하는 중이다.

금융의 미래를 선도하는
'디지털 신한'

신한은행은 국내 최초로 현금자동입출금기ATM, 인터넷뱅킹, 생체인증 기반 비대면 실명확인, 디지털 키오스크Digital Kiosk, 영업점에서 디지털 환경을 적용한 '디지털 창구' 등 한발 앞서 차별화된 서비스를 도입하여 한국 금융의 혁신을 견인해왔다.

특히 신한은행은 디지털 금융서비스 부문의 혁신을 강조하고자 2018년을 '디지털Digital 영업의 원년'으로 선포하고, 은행업을 재정의 하자는 '리디파인Redefine 신한'과 새로운 시대를 만들어가자는 '비 더 넥스트!Be the NEXT'를 전략적 목표로 제시했다. 신한은행이 디지털 시대의 기준이 되는 '금융의 미래' 그 자체가 된다는 의미로 '디지털 신한'을 선포한 것이다.

신한은행은 디지털 역량을 강화하고자 하는 이러한 노력의 일환으로 2018년 2월에 새로운 뱅킹 앱 '신한 쏠SOL'을 정식 오픈했다. 신속성Speedy, 최적화Optimized, 선두적인Leading의 의미와 고객의 모든 금융활동을 알아서 해결하는 솔루션이라는 브랜드 철학이 담긴 애플리케이션이다. 신한은행은 기존 모바일뱅킹을 고객 관점에서 분석하여

'누구에게나 편리하고, 나에게 맞춘, 새로운 경험'이라는 세 가지 핵심 키워드를 중심으로 뱅킹 앱을 전면 재구축했다. 가장 돋보이는 장점은 신한S뱅크, 써니뱅크, 스마트 실명확인, 온라인 등기, S통장지갑, 써니계산기 등 분산되어 있던 기존의 앱을 신한 쏠 하나로 가능하게 하는 One앱 전략을 구사했다는 것이다. 불편하게 여러 개의 앱을 설치할 필요 없이 쏠 하나로 기존의 금융거래가 모두 가능해졌다.

쏠은 메인 화면에서 대부분의 업무를 해결할 수 있는 제로패널을 적용하여 빠른 조회 및 이체 업무를 지원한다. 키보드 뱅킹을 이용하면 채팅 중에도 20여 초 만에 송금이 가능하며, 원터치 송금을 이용할 경우 자주 송금하는 계좌에 별도 보안매체 없이 간단히 송금할 수 있다. 쏠은 개인별 금융거래 상황과 빅데이터를 기반으로 고객 맞춤형 상품도 제안하고 있다. 회원가입 및 로그인 절차도 간편해졌다. 만 14세 이상 개인 및 개인사업자 고객은 누구나 휴대폰만 있으면 본인인증을 거쳐 즉시 가입할 수 있으며, 고객의 취향에 따라 간편비밀번호, 패턴, 바이오인증, 이용자ID, 공인인증서, 페이스ID 중 하나를 선택해 로그인할 수 있다. 이에 더해 신한은행은 신한 쏠에, 가장 진화한 금융 챗봇으로 평가되는 AI챗봇 '쏠메이트'를 비롯하여 AR·VR 기반 금융서비스와 함께, 모바일 번호표, 모바일 서류작성 등 O2O[Online to Offline] 서비스를 도입하여 새로운 미래형 금융을 선도하고 있다.

고객지원을 위한
빅데이터 강화와 현장경영

신한은행은 2016년 은행권 최초로 빅데이터센터를 설립한 이후 데이터 플랫폼 고도화에 역량을 집중해왔다. 2018년 3월에는 2016~2017년 금융생활 수준변화를 확인할 수 있는 〈2018 보통사람 금융생활 보고서〉를 공개하여 화제를 모았다. 일반인의 금융생활을 1년 전과 비교하면서 작성한 이 보고서를 통해 연령대, 결혼 유무 등 다양한 상황에서 소득·지출·자산·부채 내용의 변화 양상을 확인할 수 있다. 신한은행은 이 조사 결과를 은행 내부 데이터와 결합하여 고객의 행동패턴 분석, 상품 및 서비스 개발 등에 폭넓게 활용할 예정이다.

〈서울시 생활금융지도〉도 신한은행이 빅데이터를 활용해 개발한 프로젝트다. 신한은행은 고객의 방대한 금융거래 데이터 분석을 통해 서울시 각 지자체별 고객의 소득·소비·저축 등 생활금융 현황과 트렌드를 파악할 수 있는 〈서울시 생활금융지도〉를 선보였다. 또한 2018년 4월에는 서울시의 소득 트렌드를 지역·연령·소득원천별로 상세히 분석한 〈서울시 생활금융지도-소득편〉을 제작한 데 이어, 3억 건에 달하는 금융거래 데이터 분석을 통해 소비규모 및 패턴을 한눈에 확인하는 〈서울시 생활금융지도-소비편〉도 공개했다.

2018년 7월에는 금융권 최초로 빅데이터 플랫폼인 '신한 데이터 쿱 COOP' 서비스를 출시했다. 신한 데이터 쿱은 신한은행 고객의 가상화된 거래 데이터와 가명 처리된 기업의 부가세 거래 데이터, 보통사람

금융생활 보고서의 설문조사 데이터 등을 제공한다. 그리고 이를 활용하여 금융 분야 데이터 가치 증대, 핀테크 업체 수익 창출 기회 지원, 청년 취업 기회 제공 등이 가능한 아주 유용한 플랫폼이다. 신한은행은 AWS^{Amazon Web Service}와 함께 구축한 퍼블릭 클라우드 기반 분석 환경을 통해, 필요한 데이터와 솔루션을 클라우드 내에서 모두 제공하고 있다. 이 플랫폼 사용자는 공간에 구애받지 않고 자유롭게 데이터를 활용·분석할 수 있다. 신한은행 빅데이터센터는 신한 데이터 쿱을 통해, 보유하고 있는 데이터 가치를 지속적으로 강화하는 한편, 유용한 데이터 활용을 위해 외부 분석가들과 다각적으로 협업하면서 새로운 비즈니스를 창출해나갈 계획이다.

신한은행은 현장의 목소리를 듣고 니즈를 파악하여 고객에게 한발 더 가까이 다가가는 현장경영에도 심혈을 기울이고 있다. 특히 해마다 중소기업 현장을 챙겨 현장의 고충과 금융 애로사항을 직접 접하며 중소기업 대출 확대에 앞장서고 있다. 2018년 3월 출시한 '신한 혁신창업 두드림^{Do Dream} 대출'은 창업기업의 성장을 견인하는 맞춤형 금융 상품으로 중소기업의 생산적 성장에 많은 보탬이 되고 있다. 신한은행은 중소기업 대출과 함께 청년 기업가 양성 프로그램도 진행하며 중소기업 지원에 적극 나서고 있다. 2013년부터는 매년 협력사와 동반자 관계를 구축하기 위해 상생 간담회도 개최하고 있다. 이는 상호 협력과 신뢰를 바탕으로 은행과 협력사 모두의 지속적인 동반성장을 모색하기 위한 모임이다.

신한은행이 추진하는 미래형 디지털 금융을 위해 제품을 둘러보는 위성호 행장

새로운 수익 창출을 위한
글로벌 시장 진출

신한은행은 디지털과 함께 글로벌 부문도 강조하고 있다. 저성장 및 저금리 추세의 고착화로 국내 시장의 성장이 한계에 이르자 지속적인 성장을 위한 돌파구로 글로벌 시장 진출에 나선 것이다. 신한은행의 글로벌 시장 진출은 30여 년 전부터 진행되었다. 신한은행이 특히 역량을 집중한 곳은 아시아 시장이다. 문화적 동질성이 있고, 한국계 기업들도 많이 진출하여 경쟁력 확보에 이점이 있기 때문이다. 신한은행은 베트남을 필두로 일본, 중국, 홍콩, 인도네시아, 캄보디아 등 아시아 주요

국을 잇는 아시아 금융 벨트를 구축했다.

신한은행의 글로벌 사업은 이미 가시적인 결실을 맺고 있다. 글로벌 순이익의 경우 지난 2014년 1,256억 원, 2015년 1,725억 원, 2016년 1,797억 원, 2017년 2,350억 원, 2018년 3분기까지 2,448억 원 등 지속적으로 증가하고 있다. 전체 순이익에서 글로벌 부문이 차지하는 비중 역시 2011년 5.2%에서 2018년 3분기까지 12.8%로 꾸준한 상승세를 보이고 있다. 특히 2018년에는 3분기 누적 기준 국외 점포 순이익이 2,448억 원으로 전년 대비 24%나 급증했으며, 신규 시장을 포함한 모든 국외 점포에서 처음으로 흑자 전환을 기록하는 놀라운 결과를 만들어냈다.

신한은행의 글로벌 부문 사업에서 가장 성공적인 행보를 보인 곳은 베트남은행이다. 1993년 설립된 신한베트남은행은 국내 은행 중 현지 법인 형태로 해외에 진출한 첫 사례다. 신한베트남은행은 2017년 4월 ANZ베트남금융을 인수·통합한 이후 총자산 33억 달러, 신용카드 회원 24만 명, 총고객 90만 명, 임직원 1,400여 명으로, 영국계 HSBC 은행을 제치고 베트남 내 외국계 1위 은행으로 도약했다. 특히 리테일 대출 부문에서는 2012년 말 잔액 700만 달러에서 통합 후 7억 달러를 돌파하여 5년 만에 무려 100배나 성장했으며, 대출 고객의 99% 이상을 현지인으로 확보해 현지화 전략에 성공했다는 평가를 받고 있다. 최근에는 신한은행 모바일 통합 플랫폼 쏠SOL의 베트남은행 버전인 'Shinhan Bank Vietnam SOL' 출시를 발표했다. 이번 출시로 베트남에서도 삼성 패스, 아이폰 Face ID를 포함한 로그인 방식 다양화, 이체 기능을 한 화면에 통합하고 등록한 이체정보를 한 번에 송금할 수 있는 원클릭 송금 등, 쏠 뱅킹 서비스 이용이 가능해졌다. 신한베트남은행은 2018년 3분기 누적 기준 신한은행의 국외 점포별 순이익에서 31%로 가장 큰 비중을 차지하고 있다.

신한은행이 포스트 베트남으로 주목하고 있는 또 다른 아시아 국가는 인도네시아다. 인도네시아는 2억7,000만 명의 인구에 매년 5%의 높은 경제성장률을 기록하고 있지만, 금융 인프라는 매우 취약한 편이다. 또한 금융정보가 없는 사람이 많아 신용 인프라도 제대로 구축되어 있지 않다. 이에 신한인도네시아은행은 고객의 행동정보 등 빅데이터 분석을 통한 신용평가모형을 도입하여 개인대출 확대를 계획하고 있다.

최근 신한은행은 인도네시아 모바일 소비자 금융사인 '아꾸라꾸Aku-laku'와 디지털 사업을 위한 포괄적 업무 제휴를 체결했다. 인도네시아에서 아꾸라꾸는 모바일 앱 다운로드 200만, 등록고객 1,300만 명, 월평균 사용고객 300만 명을 보유한 모바일 소비자 금융의 선두주자다. 아꾸라꾸는 고객의 편리성을 위해 앱에서 비대면으로 대출서비스를 제공하고 있으며, 생체정보를 활용한 사기방지 기술과 머신러닝 기법 신용평가를 활용하는 등 첨단 핀테크 경쟁력을 보유하고 있다. 이번 협약을 통해 양사는 아꾸라꾸의 대규모 고객정보와 신한은행의 빅데이터 분석 및 디지털 경쟁력을 활용한 시너지 효과를 기대하고 있다. 2018년 10월 말에 신한은행과 아꾸라꾸는 첫 공동 금융상품으로 아꾸라꾸 추천 고객에 대해 신한인도네시아은행이 대출을 지원하는 '채널

링'을 출시했다. 앞으로는 기존 고객의 빅데이터 분석을 통해 금융상품을 추가로 개발하고 공동 마케팅 진행을 위한 협업 프로젝트도 추진할 예정이다.

신한은행은 글로벌 디지털 분야의 실질적인 성과를 창출하기 위해 최근 베트남의 국민 메신저 잘로Zalo, 전자지갑 모모MoMo, 일본 GA제휴 비대면 주택론, 캄보디아 GMS 자동차 대출 등 글로벌 디지털 플랫폼과 제휴 사업을 추진하고 있으며, 글로벌 디지털 전략을 인도네시아, 베트남, 중국, 인도 등으로 더욱 확대하고 있다.

신한은행은 현재 세계 20개국, 188개에 달하는 지점과 현지법인으로 글로벌 네트워크를 보유하고 있으며, 향후에도 아시아 금융벨트를 주춧돌 삼아 글로벌 영토 확장에 적극 나설 계획이다. 또한 신한금융그룹의 중장기 목표를 '아시아 리딩 금융그룹'으로 정하고 2020년까지 그룹 내 해외 시장의 순이익 비중을 20%로 끌어올려 아시아 리딩 금융그룹으로 올라서고자 한다.

'따뜻한 금융'으로 실천하는
사회공헌활동

신한은행은 '금융의 힘으로 세상을 이롭게 한다'는 미션과 '새로운 미래를 열어가는 사랑받는 1등 은행'이라는 비전을 바탕으로, 금융기관으로서 사회적 책임을 다하고자 2011년부터 '따뜻한 금융'을 실천하고 있다. 그리고 이를 위해 '상생공존', '문화나눔', '환경지향'을 사회공헌 3대 목표로 설정했다.

신한은행이 추진하는 대표적 사회공헌사업으로는 '신한 두드림Do Dream 프로젝트'가 있다. 2020년까지 이 프로젝트를 통해 총 9조 원 규모로 청년고용 등의 일자리 창출지원부터 혁신기업에 대한 투자 및 자금 공급, 사회취약계층 직접지원 등 15개 사업을 추진할 예정이다.

'신한 두드림 스페이스'는 이 프로젝트의 핵심사업 중 하나로 신한은행의 디지털 인프라와 외부 인프라를 융합하여 창업과 취업을 지원하는 종합 플랫폼이다. 신한 두드림 스페이스 내에는 교육장, 스튜디오, 인큐베이션 센터 등 다양한 기능을 하는 공간이 구비되어 있으며 각종 교육 프로그램과 함께 특색 있는 행사와 마켓을 꾸준히 개최하여 취업과 창업을 준비하는 청년들에게 현장교육의 기회를 제공하고 있다. 또한 청년들이 창업 프로젝트를 수행할 수 있는 코워킹Co-Working 스페이스와 스터디 공간, 아마존 웹서비스와 신한은행의 금융데이터를 활용할 수 있는 데이터 이노베이션센터, 고용노동부의 다양한 지원정책을 소개하는 청년 스테이션 등이 마련되어 있으며, 제휴업체 간 협력 네트워크 구축도 지원하고 있다.

신한 두드림 스페이스에서는 스타트업 교육 프로그램인 디지털라이프스쿨도 진행하고 있다. 12주간의 팀프로젝트로 진행되는 이 프로그램에서는 창업역량 교육과 브랜드 홍보 및 운영 멘토링, 인큐베이션 센터 입주를 통한 실전 경험 등을 제공한다. 교육과정에서 선발된 우수팀에게는 1년간 인큐베이션센터에 입주해 언더스탠드 에비뉴 내 매장을 오픈할 수 있는 기회가 제공된다.

'두드림 매치메이커스'도 신한 두드림 스페이스에서 제공하는 취업 지원 프로그램이다. 이 프로그램에서는 취업 준비생들에게 취업에 꼭 필요한 직무교육을 진행하는 한편, 인재를 찾는 유망 스타트업 기업과 연계하여 취업에 도움을 주고 있다. 자영업자를 대상으로 하는 고객지원 프로그램으로는 성공 두드림 아카데미가 있다. 이것은 소호SOHO(작은 사무실 혹은 가정을 사무실로 이용하는 사업) 창업자 및 자영업자들을 대상으로 고객관리, 금융, 경영, 홍보마케팅 등을 교육하고 네트워킹을 지원하여 자영업자의 자생력 강화와 성공을 돕는 프로그램이다.

신한은행은 문화예술을 통한 사회공헌인 메세나 활동에도 적극적이다. 2009년부터 금융권 최초로 시행하고 있는 '신한음악상'은 신한은행의 대표적 메세나 프로그램으로서, 신한은행이 순수 국내파 클래식 유망주를 발굴하고 육성하기 위해 만들어서 진행하고 있는 것이다. '문화나눔', '꿈같은 하루'는 시민들을 위한 메세나 프로그램이다. 이 프로그램을 통해 문화체험 기회가 적은 저소득, 장애인, 한 부모 가정 등 문화소외계층을 대상으로 뮤지컬·영화·마술쇼·콘서트 관람 기회를 무료로 제공하고 있다. 신한은행은 메세나 시설을 활용하여 '그림으로 읽는 인문학', '다문화 뮤지컬 공연 지원', '신한음악상', '신한뮤직 아카데미' 등 다양한 문화예술 사회공헌활동도 진행하고 있다.

부단한 혁신으로
고객의 신뢰를 쌓아가는 신한은행

신한은행은 옛 조흥은행과 옛 신한은행 두 개의 은행을 모태로 하고 있다. 1897년 민족자본으로 설립된 한성은행에 뿌리를 둔 옛 조흥은행과 1982년 최초 순수 민간자본으로 설립된 옛 신한은행이 2004년 합병하여 출범한 것이 현재의 신한은행인 것이다.

'고객중심'이라는 핵심가치와 '금융의 힘으로 세상을 이롭게 한다'는 미션을 추구하는 신한은행은 전통적인 금융의 틀에서 벗어나 최신 디지털 트렌드를 선도하며 새로운 가치를 만들어가고 있다. 특히 현금자동입출금기ATM, 인터넷뱅킹, 생체인증 기반 비대면 실명확인, 디지털 키오스크 등 차별화된 서비스를 도입하며 한국 금융의 혁신을 이끌어왔다. 아울러 국내 금융권 최초로 '브랜드경영'을 도입한 선두주자로 한국 금융의 브랜드도 선도하고 있다.

신한은행은 이처럼 고객과 사회가 요구하는 트렌드를 정확히 인식하고 이에 부합하는 금융 솔루션을 제공할 뿐 아니라, 고객중심경영을 충실히 이행하면서 고객이 신뢰하고 추천하는 은행으로 입지를 더욱 굳히고 있다.

앞으로도 신한은행은 끊임없는 혁신과 창조적인 시도를 통해 대한민국 금융을 이끌어나가는 리딩 브랜드로서 최선을 다할 계획이다.

자산관리 시장을 이끄는
고액 자산가 맞춤형 서비스

신한PWM은 '고객중심 자산관리' 원칙을 통해 고액 자산가를 대상으로 차별화된 자산관리 서비스를 제공하는 금융복합점포다. 고객의 니즈와 자산 규모에 따라 PWM센터, PWM라운지, PWM프리빌리지센터에서 각각 고객 맞춤형 자산관리 서비스를 제공하는 한편, 엠폴리오·쏠리치 등을 통한 디지털 자산관리로 2011년 출범 이후 꾸준한 성장세를 보이고 있다. 금융시장의 트렌드와 고객 니즈에 부응하며 자산관리의 새로운 패러다임을 제시하고 있는 신한PWM은 대한민국 자산관리의 표준으로 자리매김하고 있다.

대한민국 최초의
복합금융점포

국내 은행권에서 영업점포 수는 감소 추세를 보이고 있지만 은행과 비은행 부문이 결합한 복합점포 수는 점점 증가하고 있다. 일반 영업점포는 수익성 하락으로 고전하고 있는 반면, 복합점포는 비은행 부문의 통합된 종합자산관리로 금융서비스 시장을 확장하여 새로운 수익을 창출하고 있기 때문이다. 최근에는 특히 비대면 거래 증가와 금융계열사 간 디지털화 등으로 복합점포의 장점과 효율성이 주목받고 있다.

신한은행은 이러한 금융 시장의 트렌드와 고객 니즈에 부응하여 남들보다 한발 앞서 복합점포라는 새로운 자산관리 서비스를 시작했다. 국내 최초로 은행과 증권사의 협업을 기반으로 만든 PB 브랜드 '신한PWM^{Private Wealth Management}'이 그것이다. 신한은행은 '복합금융점포'라는 개념마저 생소했던 2011년 말에 은행과 증권서비스를 한 공간에서 제공하는 획기적인 실험을 단행했다. 당시만 하더라도 은행과 증권서비스의 이질성뿐만 아니라 고객들의 뚜렷한 성향 차이 때문에 성공 여부를 판단하기 쉽지 않았다. 하지만 신한은행과 신한금융투자의 협업을 기반으로 탄생한 신한PWM은 승승장구했고, 그 이후 신한PWM

같은 복합금융점포가 다른 대형 금융그룹의 일반적인 사업모델로 자리매김하게 되었다.

신한은행은 2002년 고액 자산가를 위한 종합자산관리 서비스를 처음 시작하고, 2011년에는 신한PWM을 론칭하여 금융자산 3억 이상의 고액 자산가를 대상으로 차별화된 자산관리 서비스를 제공했으며, 2015년에는 준자산가를 대상으로 '신한PWM 라운지'를 출범시켜 자산관리의 커버리지를 확대했다. 2018년 현재 은행PB와 증권PB가 함께 근무하는 PWM센터를 총 27곳 운영하고 있으며, 은행 점포 내 증권 직원이 파견 근무하는 형태의 PWM라운지도 23곳 운영하고 있다.

신한은행은 신한PWM 출범과 함께 관련 분야 전문가들로 구성된 IPS^{Investment Products and Services}본부도 신설했다. IPS본부는 UBS 등 다수 글로벌 PB의 운영사례를 벤치마킹해 국내 최초로 은행과 증권의 투자 전문가, 상품 전문가, 세무·부동산 전문가를 통합한 조직이다. 130여 명의 은행 및 증권 전문가로 구성된 IPS본부는 시장 상황에 따른 투자전략 수립은 물론 차별화된 상품 제공과 사후관리까지, 고객 자산관리를 위한 통합지원본부 역할을 하면서 급변하는 국내외 투자환경에 신속하게 대응하고 시의적절한 투자판단을 제공한다. 또한 최근에는 개인 고객은 물론 법인 고객에게까지 자금관리 서비스를 제공하며 사업 영역을 확대하고 있다. 이와 같이 금융권의 경계를 넘어 고객에게 맞춤형 금융 솔루션을 제공하는 금융복합점포와 IPS 플랫폼은 신한PWM의 핵심 경쟁력이다.

신한PWM센터 입구

은행과 증권의 시너지로 이룬
신한PWM의 성장과 발전

2011년 출범 이후 매년 성장세를 이어가고 있는 신한PWM은 출범 6년 만에 자산 규모를 2배 이상 키운 것으로 나타났다. 2012년 말에 17조 9,000억 원 수준이던 관리고객 자산 규모는 2017년 말에 38조 원까지 증가했다. 연평균 성장률로 보면 16.6%에 달한다. 순영업수익도 동기 간 1,188억 원에서 2,100억 원까지 늘어나며 높은 성장세를 구가했다.

신한PWM이 이처럼 성장할 수 있었던 데는 무엇보다 고객별 맞춤형 서비스를 제공한 것이 주효했다. 신한PWM은 PB고객의 니즈와 자산 규모에 따라 금융자산 1억~3억 원대의 준자산가 고객은 PWM라운지에서, 3억~50억 원대 고액 자산가는 PWM센터에서, 50억 원 이상 초고액 자산가는 PWM프리빌리지센터에서 각각 차별화된 자산관리 서비스를 제공하고 있다. 준자산가에게는 표준화된 투자 솔루션, 고액 자산가에게는 그룹 차원의 통합 솔루션, 그리고 초고액 자산가는 본부 전문가와 PB팀장이 원팀one-team체제로 프리빌리지 서비스를 제공하는 형태다.

2015년에 출범시킨 PWM라운지는 금융자산 3억 원 이상의 고액 자산가를 대상으로 제공하던 기존의 자산관리 서비스를 금융자산 1억 원 이상의 준자산가에게도 제공하는 금융복합점포다. 신한은행의 금융복합점포에 대한 고객들의 선호도가 높아지자 PB 대중화와 준자산 고객의 니즈에 부응하여 PB 서비스 영역을 확대한 것이다. PWM라운지는 2017년 말 현재 22개까지 확대되었으며 앞으로도 꾸준히 점포 수를 늘려갈 계획이다.

PWM프리빌리지센터는 금융자산 50억 원 이상의 VVIP 고객을 대상으로 차별화된 고객 맞춤형 서비스를 제공하는 금융복합점포다. 프리빌리지센터에서는 PB팀장 1명당 20명 안팎의 고객만을 대상으로 밀착 관리하며, 본부 전문가의 우선 지원을 통해 오더 메이드order-made형 상품뿐 아니라 가업승계 컨설팅, 부동산 케어 서비스, 세무 상담 등 특화 서비스를 제공한다. 앞으로 신한PWM은 50억 원 이상 자산가들을 대상으로 하는 프리빌리지센터를 중심으로 고객 서비스를 차별화하여 외양보다 내실을 다지는 데 더욱 주력할 계획이다.

최근에 신한PWM은 개인 고객 중심이었던 자산관리 서비스를 법인 고객을 대상으로 하는 CEO 및 영리/비영리 자금관리 컨설팅 서비스까지 그 영역을 확대하고 있다. 이를 위해 2017년 법인PB제도를 도입했고, 법인 자산관리를 전담하는 프라이빗 뱅커인 CPB^{Corporate Private Banker}를 신한PWM에 배치했다. 현재 전국 27개 신한PWM센터에 배치된 CPB들이 법인 맞춤형 상품을 제공하며 신규 고객을 유치하고 있다. 법인 고객을 위한 자산관리 서비스는 신한은행 PWM그룹 내 법인 상품 담당자가 일선 CPB팀장들과 함께 기업 재무담당자에게 상품을 상담하는 방식으로 진행된다. 또한 신한PWM센터에서는 본부 소속 상품·세무·부동산·자산배분 등의 전문가로 구성된 법인 맞춤형 솔루션팀이 운영되고 있으며, PB팀장들의 법인 컨설팅 역량 강화를 위해 기업 세무 등 법인 관련 연수도 진행하고 있다.

신한PWM은 자산관리 시장에서 신한투자금융의 입지 강화에도 큰 역할을 했다. 먼저 신한금융투자의 고액 자산가 기반이 눈에 띄는 성장세를 보였다. 신한PWM은 투자형 상품 가입을 원하는 신한은행 고객을 적극적으로 신한금융투자에 소개했는데, 그 덕분에 신한금융투자 전체 고액 자산가 순증분의 절반 이상이 PWM에서 창출되었다. 신한금융투자의 금융상품 판매 잔고 역시 2012년 대비 3배 이상 급증했다.

신한은행의 경우에는 PWM의 영향으로 수익 측면보다 자산관리 사업의 질적인 부분이 개선되는 효과를 얻었다. 우선 IPS 주관으로 매달 두 차례 열리는 '자산시장동향회의'와 신한금융투자 PB와의 꾸준한 소통을 통해 PB 역량을 강화시킬 수 있었다. 신한은행 자산관리상품의 경쟁력 역시 강화되었다. 신한PWM 도입 이후 신한금융투자로부터 자산관리상품에 대한 노하우를 습득하여 자체적인 역량 개발이 가능해졌기 때문이다.

신한은행과 신한투자금융이 한 공간에서 자산관리업무를 하면서 은행 고객이 저절로 증권사 고객이 되는 일석이조의 효과가 생겼다. 특히 더블카운딩 제도, IPS조직 등 신한금융지주가 처음 시도한 지원 시스템이 이를 뒷받침하면서 성장성과 수익성이 날개를 달기 시작했다. 소개 고객에 대한 실적을 이중으로 인정해주는 더블카운딩 제도로 양사 간 이해 상충을 최대한 줄일 수 있고, IPS조직을 통해 은행과 증권 고객 모두를 만족시키는 투자전략을 세울 수 있었기 때문이다. 결국 은행과 증권의 협업을 통한 시너지 효과가 신한PWM의 성공비결인 것이다.

고객 니즈에 맞는 차별화로
자산관리 시장을 선도하는 신한PWM

신한금융그룹은 고객 니즈에 맞는 자산관리를 통해 고객 자산을 증식시켜주는 고객중심 자산관리를 추구하고 있다. 이를 위해 투자전략→제조→공급→사후관리 체계를 구축하기 위해 시장 전문가 인력을 확대하는 것은 물론, 운용사 상품을 단순히 유통하는 역할에서 벗어나 자체적으로 상품을 제조·공급하는 플랫폼을 마련하여 헤지펀드, 자산배분형 펀드 등 상품 라인업도 지속적으로 확대하고 있다. 그리고 고객의 투자 니즈를 상품 설계에 반영할 수 있도록 맞춤형 상품지원체계를 업그레이드했으며, 국내외 국가들의 주식·채권·환율·부동산 등 다양한 자산을 담은 투자상품 개발 및 공급에도 많은 공을 들이고 있다.

신한금융그룹만의 또 다른 특징은 고객중심의 핵심가치를 추구하면서 수익률 중심의 상품과 서비스를 제공하고 있다는 것이다. 신한은행의 경우, 국내 최초로 2013년부터 고객수익률을 PB팀장 성과평가에 반영하고 있다. 성과평가에서 고객수익률이 차지하는 비중은 대략 15%로, 단일지표로는 지배적인 영향력을 미친다. 신한은행은 결과지표인 수익률 평가와 과정지표인 포트폴리오 평가를 병행 적용함으로써 고객을 위해 지속적이고 안정적인 성과 창출을 목표로 하고 있다.

이를 기반으로, 신한은행은 고객자산 수익률 제고 프로세스(투자전략 수립-추진-피드백)에 따라 투자의사결정을 추진하고 있으며, 고객수익률팀을 별도로 운영하여 수익률 개선을 위한 전략 수립 등의 업무를 진행하고 있다. 신한은행만의 이러한 차별화된 수익률 평가 시스템은 경쟁 금융사에서도 적극적으로 벤치마킹에 나설 만큼 독보적인 입지를 굳히고 있다.

신한은행은 그동안 신한PWM을 필두로 국내 자산관리 시장을 선도해왔지만, 시간이 지남에 따라 유사한 모델을 사용하는 경쟁사들의 추격으로 차별성이 점점 줄어들고 있다. 그래서 신한은행은 경쟁사들과의 차별성 확대를 위해 '모바일을 통한 자산관리 대중화 전략'을 선택했다. 2016년에는 은행권 최초로 'M-Folio'를 출시했으며, 디지털 플랫폼을 통한 ELF(주가연계펀드)와 골드뱅킹(금 투자) 가입 등으로 투자상품 대중화를 추진하고 있다. 2018년 5월부터는 모바일 경매자문 플랫폼으로 경매 물건 분석과 평가, 대출까지 하나의 플랫폼에서 처리하는 부동산 투자 솔루션 서비스도 시행하고 있다.

신한은행은 글로벌 상품 경쟁력 강화를 통한 차별화에도 힘을 쏟고 있다. 신한은행의 강점 중 하나인 글로벌 네트워크를 활용해 베트남, 인도네시아 등지에서 다양한 투자 기회를 마련할 방침이다. 특히 현지 외국계 1위 은행 자리를 차지하고 있는 신한베트남은행을 통한 베트남 자산관리 시장 진출이 눈에 띈다. 신한은행은 성공적인 PWM 사업 모델 정착과 본격적인 자산관리 영업을 위해 PWM 채널 신규 오픈 지원, 하드웨어 매뉴얼, 고객관리체계 등을 신한베트남은행에 전방위로 지원하고 있다.

신한은행은 법인 CEO나 초고액 자산가의 니즈에 맞춘 법인 고객 종합컨설팅서비스도 점차 강화할 예정이다. 이를 위해 전문인력을 지속적으로 확충하여 FO^{Family Office}의 주축인 가업승계, IPO, 세무상담 등 컨설팅 서비스를 확대하고 있다.

자산관리 시장의
패러다임을 바꾸다

신한은행은 2011년 국내 최초로 은행과 증권을 결합한 금융복합점포 모델과 전문가 그룹인 IPS조직을 출범시키며 자산관리 서비스의 새로운 패러다임을 가져왔다. 2014년에는 은행권 최초로 부동산투자자문업 라이센스를 인가받았으며, 2017년에는 부동산 투자에 관심을 가진 고객의 증가 추세를 반영하여 부동산투자자문센터를 신설했다. 기존의 부동산 투자자문서비스는 영업지원의 개념으로, 단순 상담과 조언 위주로 이루어지고 있는 반면, 신한은행 부동산투자자문센터는 전문 노하우를 바탕으로 고객들에게 실질적인 도움과 혜택을 줄 수 있는 다양한 영역의 부동산 투자자문 서비스를 제공하고 있다. 신한은행은 신설된 부동산투자자문센터의 풍부한 노하우를 바탕으로 부동산 자문에 있어 금융권 최고의 실적을 거두고 있다.

2016년에는 은행권 최초로 모바일 로보어드바이저 서비스 신한 M-Folio를 출시하여 기존 PB고객들에게만 제공되었던 포트폴리오 투자기법을 누구나 쉽게 이용 가능하도록 했다. 신한 M-Folio는 로봇 자산관리 R플랜R-Plan과 전문가 자산관리 S플랜S-Plan으로 나눠 고객 성향에 따른 추천 포트폴리오를 구성한다. 주식과 금융상품을 잘 모르지만 안정적인 투자를 원하거나, 소액으로 자산관리를 시작하고 싶은 고객들은 신한 M-Folio 앱이 탑재된 모바일을 통해 쉽고 간편하게 자산관리 포트폴리오를 제공받을 수 있다. 2018년 2월에는 최적의 주식 포트폴리오를 추천하는 'M-Folio 국내주식형' 서비스를 새롭게 오픈했다. M-Folio 국내주식형은 머신러닝, 빅데이터를 통합한 로직으로 기업의 10년치 재무·주가 데이터와, 해외지수, 금리 등 각종 경제지표를 분석할 뿐 아니라, 뉴스·블로그 등 SNS의 비정형 데이터까지 종합적으로 상관관계를 분석하고 예측한 다음, 주식 포트폴리오를 추천한다.

2018년 12월에는 인공지능 기술 기반의 로보어드바이저 알고리즘을 통해 모바일 환경에서도 맞춤형 자산관리가 가능한 디지털 자산관리 서비스 '쏠리치SOL Rich'를 출시했다. 기존에 상용화시킨 M-Folio 로보어드바이저 서비스만으로는 한계가 있다고 판단한 신한은행은 IPS본부 투자 전문가들의 시장예측과 빅데이터 기반 인공지능 분석결과를 결합한 하이브리드형 알고리즘을 자체개발했다. 쏠리치는 펀드상품, 자산배분 비중의 쏠림도 등 고객이 보유한 상품 현황을 매일 진단하고 최적의 모델 포트폴리오를 추천하며 사후관리까지 해준다. 신한은행에서 개발한 자산배분 프로그램인 '신한 글라이드 패스'도 쏠리치에 담았으며, 공인인증서 인증절차를 제거하고 거래단계를 간소화하여 편의성을 높였다. 챗봇과 함께 실시간으로 상담하고 포트폴리오 제안을 받을 수 있는 쏠리치 챗봇 서비스도 쏠리치에 탑재되어 있다.

국내 로보어드바이저 시장은 2018년 1조 원 규모를 형성했으며, 2020년에는 5조 원대로 5배 이상 급성장할 것으로 전망된다. 이에 따라 국내 시중은행 중 최초로 로보어드바이저 알고리즘을 자체개발해 상용화한 신한은행은 향후에도 멀티 알고리즘의 개선을 통해 더욱 정교한 자산관리 서비스를 제공함으로써 로보어드바이저 시장을 선도해 나갈 계획이다.

신한PWM은 시장을 미리 예측하고 끊임없이 새로운 도전을 시도하면서 자산관리 시장을 선도하고 있다. 뿐만 아니라 금융복합점포와 IPS조직, 부동산투자자문센터, 신한 M-Folio 등을 경쟁사들이 유사한 모델로 앞다투어 도입하면서 신한PWM이 대한민국 자산관리의 표

로보어드바이저를 통해 자산관리 포트폴리오를 제공하는 모바일 자산관리서비스 '신한 M-Folio'

준으로 자리매김하고 있다. 특히 PWM센터는 안정적인 투자 포트폴리오 구축을 위해 국내에서 해외로 투자 대상을 빠르게 확대하고 있다. 러시아, 브라질, 멕시코, 사우디아라비아 등으로 해외 채권 투자 지역을 다변화하는 한편, 독일 부동산, 호주 매출채권, 중국 선수위대출채권, 베트남 및 인도네시아 주식 등 투자 대상도 확대하고 있다.

디지털 자산관리 시장을 향하여

최근 들어 자산관리 시장의 경쟁이 더욱 치열해지고 있지만 신한PWM은 국내 최초로 선보인 복합금융점포라는 플랫폼을 통해 은행과 증권의 다양한 상품과 서비스를 제공한 결과, 거래 고객의 만족도뿐만 아니라 자산성장 측면에서도 괄목할 만한 성장세를 보이며 시장을 선도하고 있다.

고객중심 자산관리를 원칙으로 하는 신한PWM의 가장 중요한 목표는 차별화된 자산관리서비스를 제공하여 고객 자산을 증대하는 것이다. 이를 위해 신한PWM은 시장 주도의 상품공급체계를 확립하고 고객 투자 성향에 대한 입체적 분석을 바탕으로 고객 맞춤형 상품 제공을 강화하는 한편, 금융상품 대비 취약한 주식 채권 부문을 선진금융기관 수준으로 끌어올려 고객의 투자 솔루션을 다양화하고 있다. 그리고 향후에도 화상상담서비스, 태블릿PC 등 전반적인 고객 상담, 거래 프로세스의 디지털화를 통해 디지털 자산관리 시장을 주도하고자 한다.

신한PWM은 '국내 은행권 최초'라는 수식어를 다수 보유하고 있습니다. 이렇듯 다양한 시도를 하게 된 신한PWM만의 강점, 차별점은 무엇인가요?

신한PWM은 지난 2011년 말 국내 은행권 최초로 은행과 증권사의 협업을 기반으로 한 금융 복합점포모델을 도입했습니다. 또한 고액 자산가들에게 국한되어 있던 자산관리 서비스를 준자산가와 법인도 받을 수 있도록 서비스 영역을 확장했고, 2016년 은행권 최초로 모바일 로보어드바이저 서비스 '신한 M-Folio'를 출시했습니다.

신한PWM이 새로운 시도를 계속할 수 있었던 이유는 신한만의 우수한 기업문화와 신한금융그룹의 협업 시너지 때문이라고 생각합니다. 신한의 기업문화는 변화와 도전을 장려하고 격려하는 문화입니다. 그리고 고객을 최우선으로 생각하는 고객중심의 가치를 가지고 있습니다. 신한PWM이 시도해온 금융복합점포모델 도입, 준자산가를 위한 자산관리 서비스 확대, 법인 자산관리 전담팀장 도입, 모바일 로보어드바이저 출시 등은 고객의 니즈에 걸맞은 '고객중심 자산관리'를 위한 변화와 도전의 결과물입니다.

또한 신한금융그룹은 '원 신한One Shinhan'이라는 가치 아래 각 그룹사 간의 협업 시너지를 발휘하고 있습니다. 신한PWM의 금융복합점포모델 도입 당시, 은행업과 증권업의 이질성 때문에 안정적인 정착이 어려울 것이라는 우려가 많았습니다. 하지만 신한PWM은 그룹사 간의 강한 협업을 통해 이러한 우려를 극복하고 성공적으로 새로운 사업모델을 정착시켰습니다.

고객자산 증대와 고객만족도 강화를 위한 향후 계획과 포부에 대해 말씀 부탁드립니다. 그룹 차원의 하우스뷰 제시, 그룹의 협업 가치인 'One Shinhan'의 차원에서도 함께 말씀 부탁드립니다.

신한PWM이 도입한 은행과 증권사의 협업모델은 이제 PB시장을 선도하는 사업모델이 되었고, 경쟁사들은 빠르게 신한PWM을 모방하고 있습니다. 이에 신한PWM은 경쟁사와의 격차를 확대시킬 수 있는 혁신을 추진해나갈 것입니다.

먼저 새로운 미래 성장동력을 확보하기 위해 법인 자산관리 경쟁력을 강화해나갈 것입니다. 신한PWM은 법인 자산관리 전담팀장인 CPB를 모든 PWM센터에 배치하고 법인 자산관리 영업을 확대해나가고 있습니다. 또한 법인전용 특화 상품을 개발하고 세무 상담을 활용한 가업승계 서비스를 강화해나갈 것입니다.

또 신한금융그룹의 협업 시너지를 바탕으로 신한PWM만의 차별적인 강점인 IPS본부를 강화해나가고자 합니다. 신한의 IPS본부는 신한은행과 신한금융투자의 전문가 그룹으로, 시황·상품·투자자문·부동산·세무 등 130여 명의 전문가로 구성되어 있습니다. IPS본부는 신한 금융그룹 차원의 종합적인 하우스뷰를 통해 투자전략 수립, 차별적 상품 제공, 선제적인 사후관리 서비스를 제공해나갈 것입니다. 또한 독자적인 상품기획을 통해 타 금융사에서 볼 수 없는 신한만의 대표상품을 지속 발굴하고, 신한금융그룹의 글로벌 네트워크를 활용한 신상품 출시도 확대해나갈 것입니다.

대한민국 은퇴 시장을 선도하는 미래설계 은퇴비즈니스 브랜드

신한은행

신한 미래 설계

신한은행은 '신한미래설계' 브랜드 선포와 함께 본격적인 은퇴자산관리 서비스를 시작했다. 그 후로는 은퇴설계 시스템 'S-미래설계', 은퇴상담 전문가 '미래설계 컨설턴트', 은퇴교육 프로그램 '부부은퇴교실'과 '미래설계 캠프', 은퇴전용 금융상품 '미래설계 통장과 카드' 등을 선보이며 은퇴설계 서비스를 꾸준히 발전시켜왔다. 그리고 은행권 최초로 출시한 은퇴설계 모바일 앱 '미래설계포유'를 통해 금융권 은퇴설계 분야의 트렌드를 선도하고 있다.

신한이 제공하는 고객 맞춤형
은퇴설계 서비스

2018년, 신한은행은 전국 만 20~64세 금융소비자 2만 명을 대상으로 금융생활현황을 조사한 〈2018 보통사람 금융생활 보고서〉를 내놓았다. 이 보고서에 따르면 은퇴자의 61.7%는 원하는 은퇴 시점을 사전에 계획했지만, 은퇴를 계획한 시점에 실제로 은퇴한 경우는 24.4%에 불과했다. 은퇴자의 38.3%는 전혀 계획 없는 상태로 은퇴를 맞이했다. 노후를 대비해 정기적으로 저축하는 직장인은 47%인 것으로 나타났다. 비정기적으로 저축하는 이들(27%)을 포함하면 직장인 74%가 노후를 대비한 자금을 마련하고 있었다. 하지만 노후를 대비한 직장인의 월평균 저축액은 26만 원으로 월평균 근로소득(285만 원)의 9%에 지나지 않았다. 또한 40대 이상 금융소비자의 경우 은퇴 후 노후생활을 위해 최저생활비로 월평균 192만 원이 필요하다고 답했으나 은퇴한 가구의 실제 지출금액은 224만 원으로, 32만 원의 차이가 있었다. 결론적으로 은퇴자 10명 가운데 4명이 은퇴 이후에 구체적인 계획이 없으며 노후 준비가 미흡하다는 것을 보여주는 보고서였다.

이러한 상황에서 불안한 노후를 대비하고자 하는 금융 소비자들의 니즈는 오히려 점점 늘어나는 추세다. 하지만 체계적인 자산관리와 은퇴준비로 노후문제 해결에 도움을 주는 금융상품을 찾기란 쉽지 않다. 그래서 신한은행은 체계적으로 노후를 준비하고 설계할 수 있도록 다양한 은퇴 관련 서비스를 고객 맞춤형으로 제공하고 있다. 신한은행의 본격적인 은퇴자산관리 서비스는 2014년 4월에 선보인 '신한미래설계' 은퇴 브랜드와 함께 시작되었다. 그 이후에는 은퇴설계 시스템인 'S-미래설계', 영업점 은퇴상담 전문가인 '미래설계 컨설턴트', 은퇴준비 교육프로그램인 '부부은퇴교실'과 '기업체 임직원 대상 미래설계캠프', 은퇴생활 기본상품인 '미래설계 통장과 카드' 등 은퇴영업 플랫폼이 속속 출시되었다.

이 중에서 S-미래설계 시스템은 신한은행이 도입한 차별화된 미래설계지수를 통해 은퇴준비 현황을 점수화하여 은퇴자산의 부족자금 해결방안이나 현금 흐름 개선방안 등 실질적인 은퇴설계 제안서를 고객에게 제공하는 신한은행의 대표적 은퇴 솔루션이다. S-미래설계 시스템에 은퇴 이전의 자산을 입력하면 목표로 하는 은퇴생활비 대비 현재 준비 상태를 파악할 수 있다. 또한 이를 바탕으로 은퇴 후 소득·지출에 대한 현금 흐름이 어떻게 되는지를 파악하여 현재의 은퇴준비가 충분한지 여부도 분석할 수 있다. 고객 입장에서는 준비자금 달성률, 현금 흐름 준비율, 금융자산 안정성 등 세 가지 항목으로 구성된 미래설계지수만 알아도 은퇴 후 안정된 노후를 위해 어느 부분을 보완하고 준비해야 하는지 쉽게 파악할 수 있는 유용한 은퇴설계 시스템이다.

신한은행 미래설계센터에서는 S-미래설계 시스템을 바탕으로 고객에게 은퇴상담 서비스를 제공하고 있다. 신한은행의 전국 영업점에는 국제공인 재무설계사CFP, 은퇴설계 전문가ARPS 등 전문자격증을 보유한 미래설계 컨설턴트들이 배치되어 있다. 미래설계센터에서는 매주 은퇴에 필요한 금융상품을 엄선하여 은퇴추천상품을 공지하고 있으며, 미래설계통장과 미래설계카드, 연금대출 등 생활형 상품은 물론, 연금형·투자형·맞춤형 상품을 추천하여 개인의 은퇴설계에 가장 적합한 고객 맞춤형 은퇴 솔루션을 제공하고 있다.

신한은행에서 은퇴상담을 원하는 고객은 누구든 가까운 영업점을 방문하여 무료로 은퇴상담 서비스를 받을 수 있다. 또한 모바일이나 인터넷 홈페이지에서도 간편하게 은퇴설계 자가진단 후 인근 영업점에서 자세한 대면상담을 요청할 수 있고, 은퇴전용 콜번호를 통해 방문이 편한 시간대와 영업점을 선택하여 은퇴상담을 예약할 수도 있다.

고객에게 상품을 설명하는 미래설계 컨설턴트

2016년 12월부터는 태블릿 브랜치 'S-TB'를 통해 고객이 영업점을 방문하는 대신 직원들이 직접 고객을 방문하는 은퇴상담 서비스를 제공하고 있다. 짧은 시간에 은퇴진단이 가능한 이러한 간편은퇴설계는 은퇴자산을 축적하고자 하는 30~40대 고객들에게 특히 유용한 솔루션이다. 2017년 1월에는 은행권 최초로 디지털 은퇴포털 앱 '미래설계 포유'를 출시하여 다양한 은퇴 콘텐츠를 제공하고 있다.

은퇴 전·후 고객을 위한
다양한 정보와 서비스 제공

신한은행 미래설계센터에서는 직접적인 은퇴상담 외에 '부부은퇴교실', '미래설계캠프' 등 다양한 은퇴교육 프로그램을 진행하고 있다. 2014년부터는 분기마다 부부은퇴교실을 열어 은퇴를 앞둔 50~60대 고객 부부에게 은퇴자산 관리에 대한 강의와 건강·교양·취미 분야에 대한 콘텐츠를 제공하고 있다. 2018년 11월에는 영업점과 은퇴설계 모바일 앱 미래설계포유를 통해 참가 신청을 한 은퇴준비 부부 100쌍을 초청해 '제17회 부부은퇴교실'을 개최했다. 이번 부부은퇴교실에서는 연금과 부동산을 활용한 나만의 은퇴자산 만들기 등 은퇴설계 핵심 포인트와 일상에서 꼭 필요한 상속·증여세 강의를 진행했으며, 사전신청한 고객들을 대상으로 전문세무팀장·PB팀장과의 '1:1 맞춤상담' 코너를 마련하여 실질적인 재무 솔루션을 제공했다. 2018년 3월에는 봄을 맞아 부부은퇴교실에 참석했던 고객을 대상으로 전문해설사와 함께하는 '경복궁 둘레길을 걷다'를 통해 건강과 역사탐방을 함께하는 힐링캠프를 진행했다. 또한 전문강사가 기업이나 단체의 임직원을 방문하여 은퇴·재테크·부동산·세무 등에 대해 강연하는 '미래설계캠프'도, 막연하고 불안한 퇴직 이후의 삶에 대한 솔루션을 제공하는 신한은행의 은퇴교육 프로그램이다.

2018년 5월에는 은퇴준비기의 30~40대 직장인들을 대상으로 '퇴근 후 100분'이라는 미래설계 콘서트를 개최했다. '퇴근 후 100분'은 퇴직 이후의 삶을 준비하기 위한 종합적인 솔루션을 안내하고 은퇴준비 관련 고민사항과 해결책을 공유하기 위해 마련된 행사다. 미래설계포유 앱을 통해 30~40대 직장인 고객이 참여한 이번 '퇴근 후 100분'은 3040을 위한 은퇴설계, 2018년 경제·부동산 시장전망과 투자전략 강의 순서로 100분간 진행되었다. 신한은행은 고객의 은퇴설계 지원을 위한 다양한 콘텐츠를 준비해 이러한 행사를 지속적으로 개최할 예정이다.

신한은행 관계자는 "저금리와 고령화에 따라 5060세대만이 아닌 전 연령대가 관심을 가지고 은퇴 후를 준비해야 한다"며 "신한은행은 신한금융그룹의 네트워크를 활용하여 종합적인 은퇴 솔루션을 제시하고 고객들이 행복한 미래를 설계해나갈 수 있도록 다양한 정보를 제공할 것"이라고 밝혔다.

국내 은행권에서 고령층을 대상으로 모바일 전용 앱을 운용하고 있는 곳은 신한은행이 유일하다. 국내 은행이 고령층 대상 모바일뱅킹 서비스에 소홀한 것은 국내 시장의 크기가 작기 때문이다. 한국은행

자료에 따르면, 2017년 기준 전체 조사대상의 46%가 모바일뱅킹을 이용하고 있는 반면, 60대 이상의 이용률은 5.5%에 불과하다. 고령층은 청년층에 비해 금융 이해력이 떨어지고 모바일뱅킹에 대한 접근성도 부족하다. 국내 은행이 고령층을 위한 전용서비스 개발에 주저하는 것도 이 때문이다.

이러한 상황에서 신한은행은 고령층의 모바일뱅킹 혜택 소외를 막고자 2017년 1월에 은행권 최초로 은퇴 모바일 앱 '미래설계포유'를 출시했다. 은퇴 후 자산관리는 물론 일상과 관련된 정보를 습득할 수 있는 미래설계포유 앱은 고령층 고객들의 편의를 위해 기존 앱보다 큰 글씨체와 손쉬운 화면 이동 등, 50대 이상 고령층 고객들을 위해 맞춤형으로 설계되어 있다. 이 앱을 이용하는 고객은 은퇴설계자가진단 기능을 통해 은퇴 시 필요한 자금을 분석할 수 있으며, 은퇴설계 전문 컨설턴트와의 상담예약 시스템을 통해 심층적인 은퇴상담도 받을 수 있다.

미래설계포유는 단순히 은퇴와 관련된 정보와 서비스만 제공하는 앱이 아니다. 노령층의 관심사인 여행, 건강검진 등의 생활서비스를 제공하고 있을 뿐 아니라, 커뮤니티를 통해 은퇴생활에 대한 다양한 이야기를 회원들끼리 서로 나누고 소통하는 공간도 마련되어 있기 때문이다. 이러한 소통공간을 통해 은퇴 이야기, 여행 이야기, 취미/일상, 반려동물 커뮤니티 등 실제 은퇴자들의 삶을 공유함으로써 은퇴 준비에 만전을 기할 수 있다. 특히, 최근에 새롭게 개편된 미래설계포유에서는 1:1 모바일 다이어트, 프로골퍼 코칭 등 운동 관련 서비스와

꽃 징기배송, 자동차보험과 상조 서비스 할인 등 다양한 할인혜택으로 생활에 도움이 되는 제휴서비스를 강화했다. 또한 매주 읽을거리와 일상 이야기를 공유하는 참여광장 메뉴를 신설했으며, 부동산 전문가와의 1:1 상담을 받을 수 있는 부동산 e상담 서비스도 개시하여 고객서비스의 폭을 더 넓혔다.

2018년 1월에 신한은행은 은퇴고객을 위한 모바일 앱인 미래설계포유의 웹버전도 개시했다. 이번 웹버전 서비스 도입으로 주요 포털사이트에서 '은퇴설계', '은퇴생활', '노후 재취업' 등 은퇴 관련 단어 검색을 통해 미래설계포유 콘텐츠에 좀 더 쉽게 접근할 수 있게 되었다. 또한 교육 플랫폼을 신설하여 재취업 및 창업을 위한 온라인 무료수강 서비스를 제공하고 있으며, 여행이나 쇼핑과 관련된 기획상품 역시 준비하고 있다.

고객 니즈에 맞춘
은퇴전용상품과 은퇴 가이드북

신한은행은 고령층 고객의 니즈와 특징에 맞게 최적화된 은퇴전용상품으로 각종 연금형 상품과 저위험·중수익 투자상품, 그리고 은퇴 후 소득 공백기를 대비할 수 있는 연금예금 및 주택연금 등 다양한 상품을 두루 갖추고 있다.

신한은행의 대표적인 은퇴전용상품인 '미래설계통장'은 2014년에 출시된 은퇴생활비 관리 전용 입출금통장이다. 기존의 은퇴통장들이 대부분 국민연금 등 공적연금 이체통장에 국한되어 있다면, 미래설계통장은 개인연금을 비롯하여 각종 연금과 은퇴생활비를 한곳에 모아 효율적으로 관리할 수 있다는 것이 차별화된 특징이다. 또한 우대금리나 가불서비스, 전화금융사기보험, 보안계좌 서비스, 각종 수수료 면제 등 다양한 혜택을 받을 수 있으며, 본 상품과 연계된 은퇴전용카드인 '미래설계카드'를 통해 은퇴생활과 관련된 병원, 주유, 마트, 교통 등에서 할인혜택과 포인트 적립을 동시에 받을 수 있다. 미래설계통장은 상품 출시 이후 가입 고객 수가 200만 명에 달할 정도로 인기를 끌면서 금융권 1위 연금통장으로 입지를 굳혔다.

2018년 8월에는 연금을 수령하는 고객들에게 혜택을 주는 '신한 주거래 미래설계통장'의 간편 신규 서비스가 출시되었다. 연금전용계좌인 '신한 주거래 미래설계통장'은 입출금 통장으로 최고 연1.5%의 이자와 창구 수수료 면제 혜택을 제공하지만, 통장으로 연금을 수령하는 고객의 30% 이상이 주거래 미래설계통장의 혜택을 받지 못하고 있어 통장 신규 절차의 편의성을 대폭 확대한 간편 신규 서비스를 선보이게 된 것이다. 주거래 미래설계통장 간편신규 서비스를 이용하면 공인인증서 없이 미래설계포유 앱이나 모바일 웹페이지를 통해 손쉽게 통장을 만들 수 있다. 3분이면 신규가입이 가능하고 기존에 신한은행 거래가 없었던 고객도 이 상품을 이용할 수 있다.

2018년 3월에는 은퇴지원 모바일 플랫폼 미래설계포유의 또 다른 은퇴전용상품인 '미래설계 DREAM 적금'이 출시되었다. 새롭게 출시된 미래설계 DREAM 적금은 가입자 전원에게 연0.5%포인트 추가로 특별금리를 제공할 뿐 아니라 최근 3개월 적금 미보유 고객에게는 연 1.0%포인트를 추가금리로 제공하는 등 1년제 정기적금 상품 중 최고 수준인 연2.5%의 우대금리를 제공하고 있다.

그 밖에도 신한은행이 출시한 은퇴전용상품으로는 고객이 사후에 남겨진 가족이나 제3자에게 안정적으로 재산을 승계하기 위한 유언 대용 신탁인 '신한미래설계 내리사랑신탁', 보유 부동산의 효율적인 관리를 위한 '신한 명품 부동산 관리신탁', 은퇴고객의 소득 공백기를 효과적으로 극복할 수 있도록 설계된 '미래설계 크레바스 연금예금' 등이 있다.

2018년 4월 27일, 신한은행 미래설계센터는 은퇴 전후 세대를 대상으로 은퇴에 대해 함께 공감할 수 있고 실질적인 제안이 담긴 〈또

신한 미래설계 DREAM 적금 출시를 안내하는 직원

다른 행복의 시작, 은퇴〉라는 은퇴 가이드북을 발간했다. 만 55세 이상 연금 수령 고객 35만8,000명의 은퇴 관련 금융거래 데이터를 분석한 현황을 바탕으로 만들어진 가이드북에서는 은퇴 후 필요한 생활비와 연금 준비 현황 등 통계자료를 공유하며, 누구나 쉽게 이해하고 실천할 수 있도록 은퇴 재무 솔루션을 그래픽으로 도식화하여 보여주고 있다.

일례로 연금 수급자의 경우, 이 가이드북을 통해 우대금리와 송금·환급수수료 등의 혜택을 누릴 수 있는 연금 수급통장의 활용과 은퇴자 신용대출 소개, 거주주택만 보유한 은퇴자들이 평생 월급을 받는 것처럼 노후자금을 확보할 수 있는 '주택연금 역모기지론' 활용 방안 등 구체적인 은퇴 재무 솔루션을 제공받을 수 있다.

특히 최근에 발간한 은퇴 가이드북은 주로 은퇴자들의 현황 통계 제시에 머문 기존 보고서들과 달리, 신한은행 미래설계센터의 축적된 지식과 노하우를 잘 반영하여 재무·비재무 솔루션도 함께 제시하고 있다는 점이 돋보인다. 신한은행은 〈또 다른 행복의 시작, 은퇴〉를 전국 영업점에 비치하는 한편, 가이드북에 수록된 콘텐츠를 자유롭게 이용할 수 있도록 미래설계포유 모바일 웹페이지와 앱에 해당 자료를 등록할 예정이다.

신한은행은 은퇴가 쉼이나 물러남이 아닌 새로운 시작인 만큼 제2의 인생을 위한 적극적인 탐색이 필요하다는 점, 또 그 준비는 이를수록 좋다는 점을 이 가이드북을 통해 제시하고자 했다.

100세 시대의 은퇴 시장을 선도하는
신한미래설계

의료기술과 생활수준 향상으로 평균수명이 늘어나고 저출산 고령화가 빠르게 진행되면서 '100세 시대'가 눈앞에 다가왔다. 그리고 100세 시대 도래와 함께 고령층의 다양한 서비스 수요가 증가하면서 국내 실버마켓도 급성장하고 있다. 2017년에 이미 고령사회(고령인구 14%)에 진입한 우리나라의 경우, 2026년에는 초고령사회(고령인구 20%)에 진입할 것으로 예상된다. 그 결과, 금융·의료·여가·주거 등 다양한 산업에서 고령 친화적 서비스 수요가 갈수록 늘어나고 있으며 실버마켓 시장 규모도 점점 커지고 있다. 이러한 추세에서 신한미래설계는 금융권 은퇴설계 분야의 트렌드를 선도하는 길잡이 역할을 하고 있다.

신한은행은 신한미래설계를 통해 건강하고 행복한 100세 시대를 위한 체계적인 노후준비와 풍요로운 은퇴 후 삶을 위한 고객중심의 다양한 서비스를 제공하고 있다. '미래를 함께하는 따뜻한 금융'을 실천하면서 신한은행만의 차별화된 종합 은퇴 플랫폼을 통해 은퇴 전후의 고객들이 경제적으로 안정된 미래를 설계할 수 있도록 도움을 주고 있는 것이다.

앞으로도 신한은행은 디지털 금융으로 변화하고 있는 사회적 트렌드와 차별화된 은퇴설계 솔루션을 바탕으로 은퇴 전후 고객들에게 다양한 정보와 서비스를 제공할 것이다. 그리고 디지털과 오프라인을 연계한 새로운 은퇴비즈니스 모델을 발굴하여 대한민국 은퇴 시장을 선도해나갈 계획이다.

INTERVIEW

박희모 | 신한은행 미래설계센터 센터장

신한미래설계는 다양한 은퇴교육 프로그램을 진행하고 있으신데, 프로그램을 진행하시게 된 계기나 진행 시 특별히 주안점을 두시는 부분에 대해 말씀 부탁드립니다.

신한은행 은퇴주무부서인 미래설계센터가 주관하여 진행하는 프로그램으로는 은퇴 시기를 직면한 50대 이상을 위한 '부부은퇴교실'과 은퇴준비기 3040세대를 위한 '퇴근 후 100분'이 있습니다. 고객에게 재무목표의 마지막 단계인 '은퇴'라는 주제로 진정성을 담은 솔루션을 제시하는 것은 '따뜻한 금융'을 실천하는 길이기도 합니다. 아울러 찾아가는 전문가 은퇴교실 '미래설계캠프'는 총 100회 이상 진행되어 맞춤형 은퇴프로그램으로 자리를 잡았습니다.

주된 내용으로는 매월 생활비를 창출하는 다양한 연금/투자상품 활용과 같은 재무적인 강의와 함께 건강하고 활기찬 노후생활을 위한 취미/재취업 등 비재무적인 강의까지 포함하는 종합적인 은퇴교육 프로그램입니다. 부부가 또는 회사동료끼리 자발적으로 참여하여 '아직 가보지 않은 막막한 은퇴의 길'에 대해 고민하고 발전적인 방향을 모색하는 자리입니다.

'미래설계포유' 앱을 이용한 다양한 은퇴비즈니스를 제공하고 있으신데, 그 콘텐츠의 주요 내용은 무엇이며, 고객들이 어떤 효과를 얻을 수 있나요?

단순한 은행창구를 넘어서 고객의 행복하고 건강한 은퇴생활에 도움이 되는 금융·비금융 콘텐츠를 탑재한 미래설계포유 앱을 통해 새롭고 다채로운 은퇴비즈니스를 제공하고 있습니다.

금융, 여행, 건강, 문화, 반려동물 등 다양한 콘텐츠가 매주 업데이트됨은 물론이고 여행할인, 건강검진, 안경, 꽃구독 등 4060세대에 맞춘 생활제휴 할인서비스, 부동산 전문가 및 세무사와의 1:1 상담 등 고객 맞춤형 양질의 서비스들을 제공함으로써 타 금융권과 차별화된 온라인 플랫폼을 갖추어 은퇴비즈니스를 선도하고 있습니다. 2018년 1월에는 웹버전도 서비스를 개시했습니다.

은퇴 가이드북이 2018년 4월 발간되었는데 은퇴설계 금융상품 및 서비스를 선도하고 있는 신한 미래설계센터에서 분석, 진단하고 있는 트렌드에 대해 의견 부탁드립니다.

신한은행 미래설계센터는 은퇴 전후세대를 대상으로 함께 공감할 수 있고 실질적인 제안을 담은 은퇴 가이드북 〈또 다른 행복의 시작, 은퇴〉를 2018년 봄에 발간했습니다.

이 간행물은 2014년 '신한미래설계'라는 은퇴 브랜드 선포 이후 축적된 노하우와 정보를 다양한 연령대의 고객과 함께 공유하고자 기획되었습니다. 누구나 건강하고 행복한 은퇴를 바라기에 올바른 은퇴 가이드 제공은 필수적으로, 또 지속적으로 진행되어야 합니다. 은퇴 이후 재취업/창업과 같은 정보는 어디서 취득해야 할지, 요즘 은퇴 시장은 어떻게 변화되어가는지, 우리보다 먼저 고령화를 맞이한 세계 여러 나라의 은퇴생활을 조사하고 트렌드를 공유하여 우리 현실에 맞는 은퇴정보를 시의성 있게 제공할 수 있어야 합니다.

아울러 신한은행 미래설계센터의 서비스 중 하나는 전체 영업점에 '미래설계 컨설턴트'를 배치하여 국민 모두가 컨설턴트를 통해 고객 시기별, 필요자금별 상황을 감안한 최적의 은퇴보고서를 제안받아볼 수 있다는 것입니다. 또한 고객가치의 관점에서 자금목적, 수익률, 리스크를 감안하여 은퇴생활비를 창출하는 엄선된 자산관리 금융상품을 예금형·연금형·투자형·맞춤형별로 매주 업데이트하여 선보이고 있습니다.

금융환경이 계속 빠르게 변화한다고는 하지만 고객의 요구사항은 더 디테일하고 더 다양하고 빠르게 변화하고 있기 때문에, 미래설계센터 역시 빅데이터를 통한 고객분석으로 한발 빠른 대응에 힘쓰고 있습니다.

대한민국 은퇴설계금융 산업을 이끌어갈 신한미래설계의 향후 성장전략에 대해서 말씀 부탁드립니다.

신한은행이 2014년 4월 '은퇴서비스에서의 진정성, 창의성, 시너지'를 모토로 '미래설계'라는 은퇴 브랜드 선포와 함께 은퇴자산관리 서비스를 시작한 지 햇수로 5년이 지났습니다. 신한은행은 앞으로도 고객들에게 다양한 양질의 상품과 서비스로 은퇴서비스의 새로운 지평을 열어가고자 하며, 고객들의 행복한 은퇴생활을 지원하는 대한민국 은퇴 시장의 중추적인 역할을 꾸준히 해나갈 것입니다.

시대를 초월한 최적의 맛과
품질로 일군 국가대표 아이스크림

1970년에 처음 출시된 부라보콘은 무려 48년이나 소비자들로부터 변함없는 사랑을 받아온 국내 최장수 아이스크림이다. 부라보콘이 이토록 오랫동안 인기를 유지할 수 있었던 것은 끊임없는 연구개발을 통해 수시로 변하는 소비자들의 입맛을 충족시켰기 때문이다. CM송 역시 온 국민이 한 번쯤 흥얼거려보았을 정도로 유명한 부라보콘은 대한민국을 대표하는 아이스크림으로 손색이 없다. 특히 2018년에는 올리비아하슬러와 협업하여 부라보콘의 이미지를 패션화했을 뿐 아니라, 부라보콘의 맛을 그대로 살린 부라보바를 출시함으로써 부라보콘의 영역을 더욱 확장시키고 있다.

대한민국 아이스크림 시장을 선도한
최장수 아이스크림

2018년 여름에는 서울이 39.6℃, 강원 홍천이 41.0℃까지 치솟아 종전 서울 최고기온과 전국 최고기온 기록을 각각 경신했을 뿐 아니라 전체 폭염일수도 31.2일을 기록할 만큼 역대 최고의 더위가 기승을 부렸다. 그러자 전국의 매장마다 아이스크림이 불티나게 팔려나갔다. 편의점 CU의 경우 7월 한 달간 전년 대비 매출이 32.2% 껑충 뛰어오를 정도였다. 이렇게 폭염 속에서 수많은 사람들이 아이스크림을 찾는 까닭은 시원하고 달콤한 아이스크림이 더위에 지친 이들의 갈증과 피로를 한꺼번에 해소해주기 때문이다.

우리나라 사람들이 즐겨 먹는 아이스크림은 크게 바와 튜브 그리고 콘 형태의 세 가지 종류로 나눌 수 있다. 바Bar는 막대에 꽂은 형태의 아이스크림, 튜브Tube는 일명 '쭈쭈바'로 통하는 짜 먹는 아이스크림, 콘Cone은 원뿔 형태의 과자에 담긴 아이스크림을 일컫는다.

이 중에서 콘아이스크림의 경우, 특이하게도 맨 아래에 검은색 초콜릿 덩어리가 있다. 국내 최초로 콘아이스크림 바닥에 초콜릿을 넣은 제품이 바로 해태제과의 부라보콘이다. 애초에 해태제과는 콘이 눅눅해지는 것을 막기 위해 초콜릿 코팅 기술을 도입했다. 하지만 당시만 하더라도 분사되는 초콜릿의 입자가 고르지 못해 흘러내린 초콜릿이 밑바닥에 뭉쳐 덩어리가 되어버렸다. 기술 부족으로 초콜릿 덩어리가 생겼지만 소비자들의 반응은 가히 폭발적이었다. 초콜릿이 마치 아이스크림을 다 먹은 후 입가심으로 즐기는 디저트 같은 역할을 했기 때문이다. 물론 지금은 기술의 발달로 초콜릿 코팅이 흘러내려 바닥에 고이는 경우는 없다. 하지만 소비자들이 여전히 아이스크림 하단의 초콜릿을 무척 선호하기 때문에 아이스크림 제조업체들은 일부러 초콜릿 덩어리를 만들어 계속 제공하고 있다.

콘아이스크림의 대명사격인 부라보콘은 1970년에 처음 출시되어 무려 48년 동안 꾸준히 사랑받아온 '국민 아이스크림'이다. 신나고 즐거울 때 외치는 '부라보Bravo'는 짧고 단순하며 부르기 편한 단어다. 즐겁고 흥겨운 이미지를 주는 친근한 브랜드명으로 부라보콘은 출시 초기부터 소비자들에게 쉽게 다가갈 수 있었다. 물론 그 이후에도 부라보콘에 대한 사람들의 뜨거운 반응은 식지 않았는데, 전통적인 브랜드 콘셉트의 일관성을 유지하는 동시에 시장 트렌드에 따라 맛과 포장 디자인, 브랜드 마케팅 등을 꾸준히 개선하면서 신선하고 젊은 브랜드 이미지를 유지한 덕분이다.

부라보콘은 국내 최장수 국민 아이스크림인 만큼 재미있고 감동적인 일화들 역시 풍성하다. 지난 1972년 판문점에서 열렸던 남북적십자회담 당시 우리 대표단은 북측 대표단에게 남한에서 가장 인기 있는 아이스크림이라며 부라보콘을 건넸다. 이를 맛본 북측 대표단은 "이거

미제 아니냐"고 물었다. 그러자 우리 대표단은 해태제과의 상표와 회사 주소까지 보여주며 국산 제품임을 확인시켜주었다고 한다.

소비자의 입맛에 따라
진화하는 부라보콘

부라보콘은 끊임없이 변하는 소비자들의 입맛을 만족시킬 수 있도록 지속적인 제품개발을 통해 아이스크림 시장을 선도해왔다. 지금까지 정통 바닐라맛을 꾸준히 유지하는 가운데 모카, 헤이즐넛, 카푸치노, 체리베리, 피스타치오, 월넛, 초코청크, 바리스타, 바나나에 이르기까지 다양한 맛으로 다양한 연령층을 공략하며 국내 아이스크림의 대명사로 자리 잡았다. 2001년에는 국내 최장수 아이스크림 브랜드로 기네스북에 오르기도 했다. 당시 국내에서 식음료 제품이 기네스북에 오른 것은 부라보콘이 처음이었다. 2010년에는 총 40억 개가 판매된 제품으로 기네스북에 한 차례 더 등재되었다.

2006년에는 기존 부라보콘의 맛과 품질, 디자인을 변화시킨 새로운 부라보콘이 출시되었다. 새롭게 리뉴얼한 부라보콘은 화이트 바닐라, 피스타치오 레볼루션, 그레이프, 초코청크 등 아이스크림 전문점에서나 맛볼 수 있던 고급스럽고 다양한 맛으로 진화했다. 140㎖였던 용량도 150㎖로 늘렸으며, 포장도 '부라보콘'의 상징이었던 하트 무늬를 버리고 원색 포장으로 과감히 변신했다. 2009년부터는 시럽 단면 모양이 살아 있어 크림과 함께 아이스크림 전체에 걸쳐 균일한 맛을 느낄 수 있게 해주는 회전 노즐 방식으로 충진하고 있다. 2012년에는 기존 상단에 위치한 브랜드명을 중앙으로 옮겨 아이스크림 이미지를 더욱 부각시킨 디자인으로 개선했다.

2014년에는 첫 출시부터 2005년까지 부라보콘의 대표적 디자인이었던 '하트' 모양으로 새롭게 단장하여 클래식한 감성과 동시에 모던한 느낌을 주도록 했다. 그리고 2015년에는 바닐라맛 제품에 대해서 1970년 출시 초기 복고 디자인으로 '출시 45주년 기념 스페셜 에디션 Special Edition' 제품을 120만 개 한정수량으로 출시했다. 달콤한 바닐라를 연상시키는 하얀 바탕에 복고풍 글씨체로 부라보콘 브랜드명을 새기고, 진한 빨강과 파란색 하트를 나란히 그려 넣은 복고풍의 이 스페셜 에디션은 출시되자마자 한 달여 만에 완판될 정도로 폭발적인 반응을 이끌어냈다.

부라보콘 특유의
차별화된 품질과 포장

우리나라에서 아이스크림 제품 생산이 본격적으로 이루어진 시기는 1960년대 말이었다. 당시 국민건강 증진과 낙농 기반 조성을 목적으로 덴마크에서 아이스크림 생산설비와 제조기술을 도입한 것이 시발점이었다. 하지만 덴마크 기술을 적용하여 처음 생산된 아이스크림은 사람들이 별로 선호하지 않았다. 한국인의 입맛에 적합한 아이스크림이 아니었기 때문이다.

한동안 시행착오를 겪으면서 소비자들이 선호하는 아이스크림을 찾기 위한 부단한 노력이 있었다. 아이스크림을 먹는 동안 콘과자의 바삭한 상태를 오랫동안 유지하는 것도 커다란 난관이었다. 그러다가 마침내 설탕과 물엿의 배합을 잘 맞춰 콘과자가 쉽게 눅눅해지지 않으면서도 한국인의 입맛에 딱 맞는 부라보콘이 탄생했다. 부라보콘은 1970년 출시 초기부터 도매상들이 해태제과 공장 앞에 진을 치는 바람에 공장 출입문을 봉쇄해야 했을 정도로 선풍적인 인기를 끌었다. 1970년대 후반에는 부라보콘이 전체 아이스크림 시장 매출의 20% 이상을 차지할 정도였다. 그 후 40년이 훌쩍 넘었지만 지금도 여전히 소비자들이 즐겨 찾는 아이스크림으로 많은 인기를 누리고 있다.

물론 부라보콘이 오랜 세월 꾸준히 인기를 유지한 것에는 나름의 이유가 있었다. 각종 설문조사에서 '부라보콘 하면 가장 먼저 연상되는 이미지'로 고객들이 선택한 것은 '부드러움'이 압도적이었다. 다른 제품들과 차별화되는 부라보콘 특유의 부드러움이 고객의 입맛을 사로잡은 것이다.

부라보콘은 신선한 우유(시유)를 사용한 덕분에 너무 달지 않고 부드러우면서도 깔끔한 맛을 구현해냈다. 또한 인공색소를 전혀 사용하지 않고 천연색소 100%로 풍부한 맛과 향을 느낄 수 있다. 덕분에 부라보콘은 훨씬 저렴한 가격에 부드러운 고급 아이스크림의 풍미를 잘 살려낼 수 있었다. 부라보콘이 주는 또 다른 즐거움은 바삭하고 고소한 콘과자와 후식처럼 먹을 수 있는 초콜릿이다. 부라보콘은 콘과자가 눅눅해지지 않도록 안쪽에 고급 초콜릿으로 스프레이 코팅을 함으로써 일석이조의 효과를 톡톡히 누리고 있다. 뿐만 아니라 모든 제품의 안전을 책임지고 관리하는 대표이사 직속의 '안전보장원'을 통해 제품 생산 과정에서의 위해 가능 요소를 사전에 방지하고 제품 안전에 만전을 기하고 있다.

부라보콘이 세계 최초로 선보인 이지오픈Easy-Open의 하프커팅 Half-Cutting 포장 기술도 부라보콘만의 독특한 장점이다. 기존 콘아이스크림의 불편함을 해소해준 이 기술 덕분에 소비자들은 한 번에 자연스럽게 콘을 개봉할 수 있게 되었다. 디자인 역시 신세대들의 성향을 적극 반영하여 기존의 하트 무늬를 없애고 원색의 감각적이고 세련된 디자인으로 변모했다. 그 결과 2006년에 국내 제과업계에서 유일하게 산업자원부선정 GDGood Design에 선정되었다.

국민 아이스크림으로 자리 잡은 부라보콘의 새로운 변신

부라보콘이 단기간에 폭발적인 관심을 끌 수 있었던 데는 CF도 한몫했다. 1970년대 인기 영화배우였던 정윤희가 나온 CF는 제품 자체보다 부라보콘을 들고 데이트하는 콘셉트로 대중에 선보였다. 그때부터 "12시에 만나요 부라보콘"으로 유명한 CM송이 등장했다. 대한민국 국민이면 누구든 한 번쯤 흥얼거려보았을 법한 이 CM송은 부라보콘 출시 당시부터 사람들의 입에 오르내리며 전국적으로 인기를 끌었다. 해태제과는 2006년에 부라보콘을 리뉴얼하면서 변화를 강조하기 위해 기존의 CM송을 과감히 바꾸었는데, 그 이후로 다양한 버전이 속속 등장했다. GOD, 손예진, 다니엘 헤니 등 최고의 가수와 모델이 이 CM송과 함께 광고캠페인에 참여했다.

특히 2011년에는 가수 서바이벌 프로그램 〈나는 가수다〉를 패러디한 '가수 정엽과 윤도현의 부라보송 경연 이벤트'로 CM송 경연을 펼치기도 했다. 이것은 K-BPI 5년 연속 1위를 기념하여 TV 광고와 온라인을 통해 방영하고 이를 소비자가 직접 평가하는 형식으로 진행된 이벤트였다. 시원한 부라보 화이트 바닐라를 경쾌한 록 버전으로 편곡해 노래한 윤도현과 달콤한 초코청크를 부드러운 음성으로 노래한 정엽의 대결은 대중의 관심을 모으면서 많은 인기를 끌었다. 또한 101명이 참가한 아이돌 오디션 프로그램 〈프로듀스 101〉의 출연자 강시라와 독특하고 상큼한 음색으로 유명한 볼빨간사춘기가 CM송 제작에 참여하여 브랜드 마케팅 효과를 톡톡히 누리기도 했다.

해태제과는 소비자들과 직접 교감하면서 다가갈 수 있는 다양한 홍보 이벤트도 활발히 진행하고 있다. 2012년에는 서울 명동예술극장 앞에서 이탈리아 정통 젤라또 '빨라쪼 델 쁘레도PALLAZZO DEL FREDDO'의 신제품 6종과 대한민국 대표 아이스크림 부라보콘을 직접 맛볼 수 있는 팝업스토어를 열어 샘플링 및 시식 행사를 했다. 2013년에는 부라보콘이 K-BPI 7년 연속 1위 기업으로 선정된 것을 기념하고 고객

성원에 보답하는 의미에서 푸짐한 경품을 제공하는 'BRABO LUCKY7 FESTIVAL 부라보콘 먹고 대박경품 확인하자!' 고객 감사 이벤트를 진행했다. 2014년에는 'Thanks 4 U 페스티벌', '여행 & 경품 대축제', '황금을 찾아라' 같은 경품 당첨 이벤트를 성황리에 진행했다. 그리고 2015년과 2016년에는 '4가지 맛 부라보콘을 찾아라', '해태와 하하하', '해태윈터 페스티벌', '황금열쇠를 찾아라!', '여행 & 경품 대축제 시즌 2', '뉴스타트 이벤트' 등의 고객 감사 이벤트를 지속적으로 개최하여 고객의 꾸준한 사랑에 보답해왔다.

아이스바와 콜라보레이션으로
새롭게 변신한 부라보콘

2018년에 아이스크림업계의 '트랜스포메이션(변형) 전략'의 일환으로 부라보콘을 아이스바로 재탄생시킨 '부라보바'를 출시했다. 그동안 부라보콘은 맛을 달리한 제품 10여 종을 세상을 선보였지만 모두 콘 형태였다. 그런데 경쟁업체들이 부라보콘과 유사한 콘아이스크림을 잇따라 출시하자 제품 다각화 차원에서 아이스바 형태의 '부라보바'를 출시한 것이다. 국내에서 콘아이스크림이 아이스바로 변신한 것은 부라보바가 최초였다. 콘아이스크림은 유지방 함량이 높아 부드럽지만 쉽게 녹아내려 아이스바 형태로 만들기 어려웠기 때문에, 유지방 함량을 높인 기존의 아이스바는 겉면을 초콜릿 등으로 코팅해야 했다. 하지만 해태제과는 최적의 배합기술과 냉각조정기술로 코팅 없이도 부드러운 아이스바를 만들어내는 데 성공했다.

화이트 바닐라맛의 부라보바는 바닐라 크림에 바닐라빈시드를 넣어 유지방 함량이 시판 아이스바 중 최고 수준인 5%에 달하며, 콘아이스크림처럼 진한 풍미에 부드러운 맛을 낸다. 게다가 표면에 다른 재료를 입히지 않아 부라보콘 본연의 맛을 깔끔하게 즐길 수 있다. 초코청크마일드맛의 부라보바는 초코 아이스크림에 오독오독 씹히는 초코청크와 초코시럽을 채워 넣은 3중 구조로 상온에 살짝 녹이면 가장 안쪽의 초코시럽이 흘러나오면서 진한 초콜릿맛을 즐길 수 있다. 해태제과에서 부라보바를 출시한 까닭은 아이스크림 자체만 깔끔하게 먹고 싶다는 소비자들의 의견이 많았기 때문이다.

2018년에 등장한 부라보콘의 또 다른 변신은 여성복 브랜드 올리비아하슬러와의 이색 콜라보레이션이다. 패션그룹 형지는 여름 시즌을 앞두고 해태제과의 부라보콘과 협업하여 'Bravo! 올리비아하슬러' 시리즈를 출시했다. 두 브랜드의 특색을 결합한 시너지 효과로 호감을 주는 독특한 스타일의 신제품이 탄생한 것이다. 이번 시리즈는 부라보

2018년 소비자에게 새롭게 선보인 부라보바

올리비아하슬러가 부라보콘과 협업한 'Bravo! 올리비아하슬러' 시리즈

콘의 시그니처 패턴인 레드와 블루 컬러의 하트 무늬 디자인을 활용한 블라우스, 티셔츠, 스카프 등 3종으로 구성되어 있다. 쉬폰 블라우스는 부라보콘 하트 패턴을 전면에 새겨 여성스럽고 발랄한 이미지를 풍긴다. 반소매 티셔츠도 전면에 부라보콘과 하트 일러스트를 새겼는데, 'BRAVO' 알파벳도 함께 그려져 젊고 활동적인 분위기를 풍긴다. 네이비 스카프도 블라우스와 동일한 하트 패턴을 넣어 포인트 아이템으로 활용도를 높였다.

**지속적인 연구개발로
고객 사랑에 보답하는 브랜드**

무려 49년 전인 1970년에 출시된 부라보콘이 지금까지 국내 최고의 최장수 아이스크림으로 자리할 수 있었던 것은 항상 현재에 안주하지 않고 소비자들이 원하는 제품으로 변모하기 위해 부단한 노력을 아끼지 않았기 때문이다. 해태제과는 부라보콘을 비롯한 자사의 모든 아이스크림을 매년 시장조사할 뿐 아니라 철저히 분석하여 소비자들이 원하는 맛과 새로운 트렌드를 신속하고 정확하게 진단하고 있다. 급변하는 소비자들의 입맛을 사로잡기 위해 '트렌드 플레이버Trend Flavor(유행하는 맛)'를 위한 연구개발도 지속적으로 진행하고 있다. 특히 2018년에는 새로 출시된 부라보 체리와 부라보바(화이트 바닐라/초코청크)를 통해 '국민 아이스크림'으로서의 입지를 더욱 확고히 했다. 또한 고객들과 SNS로 꾸준히 소통하면서 개선사항을 수렴하고 있으며, 고객 감사 이벤트를 통해 고객에게 사랑받는 브랜드로 자리매김하고 있다.

앞으로 부라보콘은 소비자들의 다양한 입맛을 충족시키기 위해 프리미엄 아이스크림콘으로서 차별화된 맛을 지속적으로 선보일 것이다. 이를 위해 출시하는 모든 제품마다 고객을 먼저 생각하는 정성과 노력을 담아 더 나은 품질의 제품으로 보답할 계획이다.

100세 시대,
인생의 활력까지 지켜주는
서울아산병원 건강증진센터

서울아산병원
Asan Medical Center

서울아산병원 건강증진센터는 최고의 의료진, 최첨단 스마트 시스템, 고객 중심 서비스라는 삼박자를 갖춘 국내 최고의 의료시설이다. 고위험 질환을 조기 발견하고 조기 치료할 수 있는 최고의 의료진은 물론, 경미한 질환이라도 전문적인 후속처리가 가능한 스마트 시스템을 갖추고 있으며, 고객의 개인별 특성에 따라 맞춤형 설계가 가능한 검진 프로그램까지 제공하고 있다.

국민의 건강을
책임져온 30년

최근 통계청 발표에 따르면 한국인의 3대 사망 원인은 암, 뇌혈관질환, 심장질환으로 전체 사망 원인의 약 절반을 차지한다. 다행히 이러한 3대 원인은 현대의 의료기술로 발병 초기에 진단이 가능하고, 치료 효과도 커지고 있다. 과거에는 근접하기 어려웠던 심장이나 뇌처럼 까다로운 부위도 CT나 자기공명영상MRI으로 비교적 간단하게 촬영할 수 있게 되어 위험을 미리 발견할 수 있는 시대다. 암뿐만 아니라 뇌혈관질환이나 심장질환도 심각한 상황이 오기 전에 얼마든지 조기 진단과 치료를 할 수 있게 된 것이다. 의료기술의 탁월한 발전으로 정기적으로 건강검진을 받는다면 활기차게 100세 시대를 보낼 수 있게 되었다.

그렇다면 종합건강검진을 받기 위한 센터를 결정할 때 우선적으로 고려해야 할 점은 무엇일까? 비용과 거리 등도 중요하지만 믿을 만한 곳이어야 한다. 가장 많은 사람들이 선택하는 곳, 바로 서울아산병원 건강증진센터다. 서울아산병원은 대한민국 국민이 가장 많이 찾는 병원으로 총 2,704병상, 연면적 52만4,700㎡ 규모, 1일 평균 외래환자 1만2,000명, 입원환자 2,600여 명에 국내 최대 진료 건수와 환자 수를 기록하고 있다. 그뿐만 아니라 위험지수가 높은 암, 장기이식, 심장병 치료 분야에 걸쳐 연 6,400여 건의 고난도 수술을 시행했다.

1990년 6월, 서울아산병원은 원내에 종합검진센터를 개소했는데, 이것이 현재 대한민국에서 명품으로 손꼽는 서울아산병원 건강증진센터의 출발이다. 이후 종합검진센터는 예방 차원을 넘어서 활기찬 인생을 대비하는 건강 지킴이 역할을 더한다는 의미로 1994년 '서울아산병원 건강증진센터'로 명칭을 변경했다.

1997년 인터넷 간편예약 시스템을 도입, 2000년 국내 건강증진센터 최초 대장내시경 시행, 검진 결과 당일 상담 제공, 2012년부터는 내방 전 인터넷 문진을 실시하며 효율성을 높였다. 2014년에는 의료서비스의 질적·양적 발전과 국민건강 증진에 기여한 공로를 높이 인정받아 보건의 날 대통령 표창을 받는 영예를 안았다.

2016년부터는 '내 손 안의 차트 2.0'을 제공하여 모바일로 쉽게 건강검진 결과를 알 수 있는 스마트 시스템을 갖추고 대한민국 대표 건강검진 프로그램이라는 입지를 단단히 구축했다.

대한민국 최상위 의료서비스, 설계부터 사후관리까지 고객을 중심으로 이뤄지는 건강검진 시스템, 한 사람씩 1:1로 이뤄지는 편안하고 품격 있는 전담 의료인 제도. 이 모든 것이 서울아산병원 건강증진센터를 찾는 이유가 된다. 서울아산병원 건강증진센터가 지난 30년 동안 국민의 행복한 생활을 뒷받침할 수 있었던 것은 그 누구보다 발 빠르게 고객의 편의를 위해 연구하고 시스템을 개발해왔기 때문이다.

고객중심의
가치실현 검진 프로그램

서울아산병원 건강증진센터는 편안하게 진료받을 수 있는 시설과 시스템까지 모든 것을 고객에게 맞추는 고객중심 건강검진을 표방한다. 특히 사소한 점까지 놓치지 않는 맞춤형 건강검진으로 유명하다. 이를 위해 섬세한 1:1 상담으로 고객의 특성과 요구를 반영한 맞춤형 검진 프로그램을 설계해 질환의 조기 발견 및 예방에 특별히 힘을 기울였다.

건강검진은 정확한 목표를 세우고 질환을 검증해낼 수 있어야 한다. 가장 불편한 곳, 원인을 찾고 싶은 증세 등을 놓고 검진자와 수진자가 동일한 목표로 검진을 수행할 때 빠르고 신속하게 결과를 도출할 수 있다. 이러한 목표 아래 서울아산병원 건강증진센터에서는 1:1 전담 직원을 배치하여 개인별 특성을 고려한 고객중심의 건강검진 프로그램을 운영한다. 성별과 연령대별, 생활습관별, 생애주기별로 필요한 항목을 맞춤형으로 설계하여 효율적인 동선과 시간관리로 대기시간을 줄임으로써 더욱 빠르게 검진을 마칠 수 있도록 돕는 것이다.

고객들에게 가장 높은 호응을 얻은 것은 하루 수진 인원을 제한해 최대한 쾌적한 환경에서 고객이 검진을 받도록 한 것이다. 전날부터 금식하여 이른 시간에 센터를 방문하는 검진의 특성상 빠른 시간 내에 검사를 받을 수 있도록 동선을 고려해 불편함을 느끼지 않게 하루 수진 인원을 제한하고 있다.

결혼을 앞둔 한 예비부부는 서울아산병원 건강증진센터에서 예물 대신 검진을 서로 주고받았다. 아무 이상 없이 결혼과 함께 출산계획까지 상담받을 수 있어서 더할 수 없는 예물이 되었다고 한다. 깔끔하고 현대적인 시설에 전문교육을 받은 전담 간호사들이 코스별로 안내하고 있어서 각 검사단계별로 마치 백화점이나 호텔에서 제공하는 컨시어지 서비스를 받는 기분이었다는 것이 이 예비부부의 평가다.

　그런가 하면 폐경이나 갱년기 등의 생애주기 전환점을 맞은 부부가 나란히 검진을 신청하는 경우도 있고, 부모님의 칠순이나 팔순을 맞아 온 가족 3세대가 다 같이 검진받는 경우도 있다. 연말 송년회를 건강검진으로 대체하는 소규모 자영업자들도 많아졌다. 두세 명에서 대여섯 명씩 검진을 받으면서도 단독으로 전세를 낸 듯 여유 있게 검진받을 수 있어서 좋은 평가를 받고 있다. 특히 이들이 공통적으로 칭찬하는 부분은 기계적으로 받는 검진이 아닌 대접받는 검진이라는 점이다.

　건강검진 결과 이상 소견이 발견되었을 때 서울아산병원의 풍부한 임상 경험은 고객에게 큰 힘이 된다. 특히 암, 심장병 등 중증질환 발견 시 전문적인 치료를 받을 수 있도록 신속한 진료 연계 시스템을 갖추었다. 서울아산병원에서 제공하는 의료서비스는 세계 최고 수준이다. 복강경 위암 7,500례, 유방암 2만5,000례, 대장암 2만8,000례, 신장이식 4,600례, 생체 간 이식술은 세계 최초 5,000례를 달성하여 각종 고난도 수술 건수와 성공률에서 세계 유수의 병원들과 어깨를 나란히 하고 있다.

최고의 의료진과 스마트 시스템이 만들어낸
1등 검진센터

본 센터를 2008년부터 이끌고 있는 소화기내과 전문의 최재원 소장의 운영철학은 더 쉽고 편리한 건강검진 서비스를 위해 건강증진센터의 모든 직원이 고객의 입장에서 끊임없이 고민하는 동시에 고객들에게 정중함과 감동이 있는, 품격 있는 건강검진 서비스를 제공하는 것이다.

어렵사리 검사를 받고도 질환을 발견하지 못해 뒤늦게 허둥대는 일은 서울아산병원 건강증진센터에서 1%도 허용되지 않는다. 2015년 국립암센터의 암 조기 발생률 자료에 따르면 국내 병원이 10만 명당 평균 445.7명의 고객에게서 암을 발견하는 것에 비해, 서울아산병원 건강증진센터는 976.2명으로 2배 이상의 암을 조기 발견하고 있어 그 우수성을 인정받고 있다. 이 밖에도 PET, CT, MRI, 대장내시경, 경동맥초음파, 심장초음파 등 각종 첨단장비를 구비하고 있으며, 경미한 질환에도 신속히 대응하고자 센터 내 자체 13개의 외래분과(소화기내과, 가정의학과, 심장내과, 내분비내과, 호흡기내과, 비뇨기과, 감염내과, 산부인과, 알레르기내과, 영상의학과, 신경과, 치과, 정신건강의학과)에 50여 명의 전문의를 배치했다. 또한 이들 전문의는 고객에게 더욱 전문적인 검진결과 분석을 제공한다. 이러한 시스템은 질환 발견 시 더욱 빠르게 치료에 들어갈 수 있도록 하는 대응력을 높여준다. 이처럼 고위험 질환을 조기 발견하고 치료할 수 있는 최고의 의료진, 경미한 질환이라도 고객이 불안하지 않게 전문적 후속치료가 가능한 스마트 시스템 덕분에

서울아산병원 건강증진센터에는 고객의 방문이 끊이지 않는다. 아울러 검진 프로그램을 개인별 특성에 따라 매우 정교하게 맞춤형으로 설계하는 것도 기존 건강검진센터들과 차별화되는 점이다. 전담 간호사가 건강 상태 특성에 적합한 맞춤 프로그램을 안내하고 검진이 끝나면 고객의 요구를 반영하여, 센터 내에 있는 대사증후군 클리닉, 남성의학 클리닉, 스트레스 클리닉 등을 통해 사후관리까지 철저하게 진행한다.

암은 유전적 요인, 환경적 요인 등 수많은 요인이 있지만 잘못된 생활습관에서 오는 경미한 질환에서부터 시작될 수도 있다. 이를 예방하기 위해 잘못된 생활습관과 관련된 혈관질환, 당뇨병, 알레르기 질환을 조기 진단하는 프로그램, 생애주기에 맞춘 각 연령별 프로그램, 중요한 인생 전환점에서 점검해보아야 할 건강문제를 따로 검진하는 생애전환기별 전문 프로그램도 운영하고 있다. 최고급 시설과 의료진, 최첨단 시스템을 갖춘 본 센터는 정확한 판독률로 건강을 보장한다.

서울아산병원 건강증진센터는 안전한 센터라는 원칙을 기반으로 감염 안전에 특히 만전을 기하고 있다. 정기적으로 감염관리 평가 시스템을 가동하고 해외 입국자에 대한 감염 징후를 선별하여 센터 내 응급상황에 대처한다. 대한소화기내시경학회 기준에 따른 철저한 세척 및 소독 시스템을 가동 중이며 센터 내 응급상황에 대처할 수 있도록 원내 전문 의료 비상팀Medical Alert Team이 상주하여 응급상황 시 3분 이내 활성화된다. 수진자 1인당 전문의 1인에 전담 간호사 2인이 검사과정을 전담하고 있는데, 진정제 사용에서도 엄격한 안전관리를 통해 지속적인 생체징후를 모니터링한다. 검사에 있어서도 각 기업 임직원들의 프라이버시와 품위를 존중하여 독립된 검사실과 회복실을 제공한다.

　서울아산병원 건강증진센터와 협약을 맺고 법인 프로그램을 운영하는 기업도 꾸준히 늘고 있다. 전문적인 센터, 안전한 센터, 스마트한 센터라는 세 가지 원칙하에 운영되는 건강증진센터는 대한소화기내시경학회에서 주관하는 우수내시경실 인증을 7년 연속 획득하여 그 신뢰를 입증했다. 법인 프로그램이라고 해서 똑같이 일괄적인 구성으로 진행되지 않는다. 법인 수진자가 원하는 경우 개인별 가족력·병력·생활습관에 따라 맞춤건강검진을 실시한다. 현재 국내 유수의 550여 개 법인이 참여하여 건강을 관리받고 있다. 또한 해당 기업의 임직원은 물론 임직원의 직계가족에 한해 동일한 조건으로 검진을 받을 수 있는 혜택을 제공하고 있으며, 추가로 검진 후 건강 가이드라인까지 제공하고 있다.

서울아산병원 건강증진센터는 13개 외래 분과, 50여 명의 전문의가 상주하며 전문적인 검진과 분석 결과를 제공하고 있다.

차별화된 전문 프로그램을 통한
국내 최고 수준의 암 발견율

건강검진을 하는 가장 큰 이유는 질환을 조기에 발견하는 것이다. 그런 점에서 서울아산병원 건강증진센터에서 가장 눈여겨볼 프로그램은 암을 조기에 발견하기 위한 암 전문 프로그램이다. 서울아산병원에서 발견하는 암은 국내 암 발생률과 비교하여 거의 2배가량 높다. 이는 건강증진센터에서 운영하는 조기검진 프로그램 덕분이다. 국가암등록통계에 따르면, 위암·대장암·유방암은 한국인이 가장 잘 걸리는 3대 암이다. 위암과 대장암은 남성에게 발생하는 암 1, 2위이고, 유방암은 우리나라 여성에게 갑상선암에 이어 두 번째로 많이 발병한다. 센터는 이 부분에 주목하고 위암·대장암·유방암 등을 집중관리하고 있다.

대부분의 암은 조기 발견하면 80~90% 완치 가능하다. 그러나 발견이 늦어지는 경우 완치율은 10~20%로 크게 떨어진다. 따라서 암의 조기 발견이 무엇보다 중요하다. 서울아산병원 건강증진센터는 암 전문 의료진과 프로그램, 원스톱 검사·진료 연계 시스템, 건강의학통계 연구 등을 통해 암 전문 건강검진 특성화 부분에서 두각을 나타내고 있다. 서울아산병원 건강증진센터의 신규 암 발견율은 국내 최고 수준인데, 이것은 암 전문 프로그램을 통해 검진을 표준화한 덕분이다.

서울아산병원 건강증진센터는 자주 발병하는 질병을 선별검사하고 그중에서도 악성 종양이 의심되는 환자를 체계적으로 관리하는 프로그램을 가동하고 있다. 장기별로도 세분화해 소화기암·폐암·여성암 건강검진을 나눠 진행하고 있어서 암 조기 발견을 위한 최적의 시스템을 운영하고 있는 셈이다. 각종 장기를 확인하는 초음파와 위·대장 수면내시경, 폐·복부 골반 등 컴퓨터 단층촬영CT과 자기공명영상MRI 촬영 등을 당일에 원스톱으로 진행한다. 또한 암 발생 시 전담 코디네이터에 의한 신속하고 체계적인 진료와 치료 연계 시스템을 운영하고 있고, 발견 당일 서울아산병원 암병원 의료진에게 진료를 받고 입원·수술할 수 있는 협진 시스템이 가동 중이다.

서울아산병원 건강증진센터는 국내에서는 드물게 건강의학통계 연구위원회를 운영하고 있다. 연구위원회는 단순한 검진 수준에서 벗어나 한국인 표준 건강검진 자료를 구축하기 위한 빅데이터를 관리한다. 이를 활용하여 과학논문인용색인SCI급 논문을 1년에 30여 편씩 발표하는 성과를 거두고 있다. 매년 건강의학 통계연보를 통해 발표되는 연령별·장기별·성별·생활습관별 등의 암 통계 및 종양표지자를 심층분석해 검사·진단·진료 등의 모든 암 전문 검진 시스템에 적용하며 그 정확도를 높여가고 있다.

의료 수준 고도화를 일구는
스마트 시스템

서울아산병원은 국내에서 모바일 헬스케어 분야를 주도하고 있다. 2010년 국내 최초로 건강관리기록 앱인 '내 손안의 차트 1.0'을 출시하고 내원자가 모바일로 직접 건강관리를 할 수 있게 안내하고 있다. 기존의 건강 앱은 일방적으로 병원이 제공하는 데이터를 환자가 확인만 하는 수동적 앱에 불과한 반면, '내 손안의 차트 1.0'은 개인이 자신의 건강을 기록하는 능동형 앱이다. 진단명, 자신이 먹고 있는 약 등을 직접 기록하여 병원과 고객 간 쌍방향 커뮤니케이션을 가능하게 했다.

전체의 20% 정도의 사용자가 '내 손안의 차트 1.0'을 개인의 몸무게, 혈압, 혈당, 먹는 약, 인슐린 수치 등 필요한 항목을 스스로 기록하는 데 지속적으로 사용하고 있다. 2010~2015년 5년 동안의 유의미한 분석 데이터를 발표할 수 있는 곳은 앱을 적극적으로 활용하고 있는 서울아산병원뿐이다. 정확한 건강관리나 치료를 위해서는 개인의 참여가 담보되어야 한다. 병원 밖에서 꾸준히 관리하고 있는지, 다른 사람들에 비해 어느 정도의 건강 수치를 갖고 있는지 알면 자극이 되고, 이를 인지한 앱 사용자들은 실제 의료 현장에서 더 높은 치료 효과를 거둘 수 있다.

2016년에는 더 많은 기능을 보완하여 '내 손안의 차트 2.0'으로 업그레이드했다. 이는 모바일 기기에서 이용하는 개인 건강관리기록으로 실제 서울아산병원의 진료기록 및 검사 결과가 연동되고, 의료진과 상담도 가능하여 타 모바일 헬스 앱들과는 차원이 다르다. 따로 서류를 떼지 않고도 검사 결과를 확인할 수 있고, 당일 방문해야 할 진료과, 검사 장소의 이동 동선을 알려준다. 환자의 참여, 의료진과의 의사소통 기능이 연결되면 정밀의료 플랫폼으로 충분히 활용할 수 있다. 현재 암병원에서 사용하는 앱에는 환자 증상 등을 입력하여 삶의 질도 기록하게 하고 있다. 데이터를 갖고 환자의 상태를 더욱 잘 파악할 수 있는 진료가 가능한 것이다.

　한국 의료수준의 대명사가 된 서울아산병원은 '헬스 이노베이션 빅데이터센터'를 오픈하며 통합의료 시스템의 무한한 잠재력을 과시하고 있다. 서울아산병원은 오래전부터 빅데이터 분석 플랫폼을 기반으로 맞춤형 통합 의료서비스를 시행하고 있는데, 그 핵심기지가 바로 헬스 이노베이션 빅데이터센터다. 헬스 이노베이션 빅데이터센터는 2007년 1월부터 2011년 6월까지 5년 가까이 서울아산병원 건강증진센터에서 건강검진을 받은 5만7,000여 명의 데이터를 분석해 한국형 심혈관질환 예측모델을 개발했다. 11개의 예측인자를 선별해 기본 건강검진 항목만으로도 뇌졸중, 심근경색증 발생을 예측할 수 있는 한국인 맞춤형 예측도구를 선보인 것이다. 다른 업계와 마찬가지로 4차 산업혁명에 발맞춘 다양한 의료 빅데이터의 활용은 질병을 조기 예측하고 환자 개개인의 특성에 맞는 치료법에 접근하는 길을 열고 있다.

　서울아산병원 헬스 이노베이션 빅데이터센터의 궁극적인 목표는 빅데이터를 활용해서 환자 치료에 도움을 줄 수 있는 의료 인공지능AI 프로그램을 개발하고, 한국의 의료산업 경쟁력을 높이는 데 있다. 현재 과학기술정보통신부와 25개 의료기관, 19개 IT기업과 함께 AI 소프트웨어를 개발 중으로, 이는 2018년부터 2020년까지 3년 동안 총 357억 원이 투입되는 대규모 프로젝트다. 이런 대규모 프로젝트에 정돈된 임상 데이터를 제공함으로써 서울아산병원 건강증진센터의 우수성이 또 한 번 입증되고 있다. 심뇌혈관을 예로 들면 2,000명 이상 환자의 혈관조영술 분할 데이터와 심장CT 내 심근분할 2,000명 이상, 뇌혈관질

서울아산병원 건강증진센터는 13개 외래 분과, 50여 명의 전문의가 상주하며 전문적인 검진과 분석 결과를 제공하고 있다.

환 환자 레지스트리 3,257례 등의 데이터를 제공했다.

심뇌혈관질환, 유방암, 치매, 소아희귀난치성 등 개발하려는 소프트웨어마다 AI 학습에 필요한 데이터셋 종류가 다르다. 이는 건강증진센터를 내원하는 고객의 검진결과를 바탕으로 이뤄질 수밖에 없다. 건강증진센터는 중증질환의 조기 발견과 치료에 앞장설 뿐만 아니라 미래에는 빅데이터를 제공하는 전초기지로 세계 인류의 건강 발전에 가장 중요한 임무를 맡은 셈이다. 서울아산병원 건강증진센터는 이런 데이터를 분석·확장해서 고객 건강관리로 이어지게 하고 있다. 본인의 기록이 남아 있는 건강증진센터에 재방문함으로써 과거 검사이력 및 검사결과, 개인별 요구도, 가족력, 병력, 성별, 연령, 생활습관 등을 종합적으로 반영하여 담당 코디네이터가 고객의 건강특성에 적합한 맞춤 프로그램을 설계하여 안내한다.

세계로 뻗어가는
명품 검진 시스템

서울아산병원 건강증진센터의 서비스가 고객중심의 편리성과 신뢰성을 인정받으면서 해외에서도 입소문이 나고 있다. 외국어가 가능한 코디네이터 배치, 외국인 특화 프로그램 운영 등 외국인 고객을 위한 편의를 제공함에 따라 중국, 미국, 카자흐스탄, 러시아 등의 고객이 꾸준히 찾고 있으며 최근에는 중동, 베트남에서도 문의가 늘고 있다.

서울아산병원 건강증진센터는 완벽을 추구하는 고집이 명품을 만든다는 생각으로 건강검진 프로세스 전반에서 사소한 것도 놓치지 않고 관리하는 철저함을 추구한다. 또한 건강검진의 질적인 향상과 서비스 개선을 넘어서 사후관리 기능을 꾸준히 발전시킴과 동시에, 이를 국내에 국한하지 않겠다는 큰 포부를 펼치고 있다.

건강에는 정신적·감정적·육체적·사회적으로 아무 탈이 없고 주위 환경에 지속적으로 잘 대처해나갈 수 있는 튼튼한 상태가 포함되어야 한다. 이는 오래 살기 위함이 아니라 사는 동안에 행복하게 살기 위한 필수조건이다. 생활습관과 식이조절, 규칙적인 운동 등 개인의 노력도 중요하지만 그런 노력에도 불구하고 질환은 찾아온다. 그래서 조기검진을 통한 조기 발견과 치료는 매우 중요하다.

서울아산병원 건강증진센터는 높은 수준의 진료와 교육, 연구를 통해 전 인류의 건강한 삶에 기여하려는 도전과 열정을 이어감으로써 가장 신뢰받는 센터로 자리를 잡았다. 그리고 지금, 세계로 뻗어가는 서울아산병원 건강증진센터의 명품 검진 시스템이 일상예방의학을 선도하며 전 세계 의료 발전의 핵으로 부상하고 있다.

여행업계를 선도하는
거품 없는 직판여행 No.1

노랑풍선은 Global Travel Leader 기업이라는 비전을 가지고 빠르게 변화하는 트렌드에 따라 여행문화를 선도하고 있다. 소비자의 니즈를 반영한 다양한 여행상품과 직판을 통한 거품 없는 합리적 가격이 성장의 원동력이다. 고객을 최우선하는 차별화된 소비자 커뮤니케이션으로 인지도를 확대하고 있으며, 철저한 서비스와 품질관리로 고객에게 만족감을 주는 1등 여행사로 여행문화를 선도하고 있다.

여행업계의 판도를 바꾼
차별화된 비즈니스

2017년을 맞이하면서 여행 전문 리서치 회사 컨슈머인사이트와 네이버 여행+ 팀은 여행업계의 소비패턴을 확인하고자 '대한민국 여행 소비백서'라는 긴급 설문조사를 실시한 적이 있다. 20세 이상 성인 1,212명을 대상으로 개별 설문조사 형태로 진행되었는데, 가정경제 측면에서 2016년을 종합평가해달라는 결산과 함께 2017년 가정경제에 대해 전망해달라는 질문을 던졌다.

특히 '작년에 비해 올해 지출이 어떨지'를 묻는 소비지출 부문이 눈길을 끌었다. 전체 응답자의 33%가 지출이 가장 증가할 것으로 예상되는 항목에서 여행비를 선택했기 때문이다. 교육비나 의료비보다 여행비에 더 많은 지출을 한다는 것은 그만큼 사람들의 소비패턴에 변화가 생겼음을 의미한다. 특히 여행과 오락, 문화 부문의 지출이 많은 20대의 소비패턴이 다른 세대와 확연한 차이를 보였다. 여행 선호도 측면에서는 국내보다 해외, 남성보다 여성, 그리고 고연령보다 저연령, 단체 패키지여행보다 개별 자유여행을 더 선호하는 것으로 나타났다. 결국 시장이 변화하면 소비자들이 찾는 여행사도 크게 달라질 수밖에 없는데, 이러한 트렌트 변화에 발 빠르게 대처하여 여행업계에서 두각을 나타내고 있는 여행사가 바로 노랑풍선이다.

얼마 전까지만 하더라도 국내 여행업계의 판도는 하나투어와 모두투어라는 양대산맥이 시장을 선도하고 나머지 군소 여행사들이 이를 따라가는 형국이었다. 하지만 지금은 노랑풍선이 급부상하면서 3강 구도가 형성되었다. 매출액 기준으로 2013년 266억 원, 2014년 386억 원, 2015년 486억 원, 2016년 558억 원을 기록하면서 연평균 33%씩 괄목할 만한 성장을 거듭한 결과다. 여행업체들 간의 치열한 점유율 경쟁에도 불구하고 이렇듯 성장가도를 달릴 수 있는 배경에는 노랑풍선 특유의 차별화된 비즈니스 전략이 있었다. 기존 대형 여행사들의 경우 선호 고객층의 높은 연령대, 상대적으로 많은 비중을 차지하는 중국 단체 패키지 이용객, 그리고 높은 가격이 약점으로 작용하여 성장세가 정체되거나 둔화되는 양상을 보인다. 반면에 노랑풍선의 경우 선호 고객층의 연령대가 낮고, 유럽과 미주 지역을 선호하는 고객이 상대적으로 많으며, 가격과 쇼핑옵션 측면에서 강점을 지니고 있어 꾸준한 상승세를 유지하고 있다. 특히 거품을 뺀 합리적인 가격을 앞세워 갈수록 입지를 굳히고 있다.

대한민국을 선도하는
Global Travel Leader 기업

노랑풍선은 2001년 설립과 함께 Global Travel Leader 기업이라는 비전을 향해 나아가고 있는 전문 여행사로서, 창립 첫해부터 지속적인 성장세와 매년 설정되는 경영과제를 통해 탄탄하게 내실을 갖춘 여행사로 나날이 사세를 확장하고 있다. 노랑풍선의 성장 과정은 여행사 설립부터 지금까지 걸어온 노랑풍선의 발자취에 고스란히 담겨 있다.

2001년에 출발드림투어라는 사명으로 설립되었다가 2년 후 법인명을 변경하여 지금의 노랑풍선이 되었다. 노랑풍선 본사를 확장 이전하고 성장가도에 오르면서 2004년에는 〈여행신문〉이 창간 12주년 기념으로 조사한 '한국 관광산업을 이끄는 영향력 있는 인물 55명'에 노랑풍선 고재경 대표가 15위로 선정되었다. 2005년에는 전략경영 도입을 통해 미래 비즈니스 포트폴리오에 맞는 시스템을 구축했으며, 그 이듬해에 항공사업 및 개별 여행을 전담하는 부서와 고객만족팀을 신설했다. 2015년에는 노랑풍선의 전속모델인 이서진, 최지우와 계약을 체결하여 공중파 TV CF와 라디오 광고캠페인을 진행했으며, 〈Yellow Trip〉 매거진을 창간하여 세간의 인지도를 더욱 높였다. 2019년 1월 30일에는 차별화된 경쟁력과 고성장세를 바탕으로 코스닥 시장에 신규 상장하는 쾌거를 이루었다. 아울러 설립 초기부터 유수의 항공사들과의 대리점 계약을 통해 매년 최우수 여행사로 선정되어왔다.

노랑풍선은 '사람을 위한, 행복을 위한, 고객 한분 한분의 따뜻한 미소를 위한 서비스'를 제공한다는 설립이념으로 고객을 위한 서비스에 최선을 다하고 있다. 또한 대한민국을 선도하는 여행사로서 직원만족경영, 고객만족경영, 21세기 전략경영이라는 세 가지 경영이념을 가지고 있다. 먼저, 직원만족경영을 통해 직원의 복리후생 및 처우 개선에

노랑풍선 신입사원들이 고객만족경영을 다짐하며 노랑풍선 빌딩 앞에서 인사하고 있다.

앞장서고 있으며, 준비된 서비스 정신을 바탕으로 고객에게 신속하고 친절한 서비스를 제공하는 고객만족경영에도 힘쓰고 있다. 또한 창의적인 아이디어를 토대로 21세기 전략경영에 심혈을 기울여 노랑풍선을 대한민국의 대표 브랜드로 성장시키고자 한다.

노랑풍선은 이러한 경영이념을 구현하기 위해 시장선도와 고객선도, 경영선도를 전략적으로 사업영역에 적용하고 있다. 시장선도는 국내외 각종 여행상품을 통해 다양한 여행문화로 고객의 니즈에 맞는 시장을 이끌어 여행문화의 글로벌화를 실현하고자 하는 것이고, 고객선도는 고객을 위한 최고의 가치 실현을 목표로 회사 내외의 모든 시스템을 '고객의, 고객에 의한, 고객을 위한 시스템'으로 정착시킴으로써 최고의 신뢰경영을 실현하고자 하는 것이다. 그리고 경영선도는 대외적으로는 정도경영을 통해, 대내적으로는 투명경영을 통해, 미래의 성장동력 산업에서 으뜸가는 국민기업을 실현하고자 하는 것이다. 만약 이러한 노력이 결실을 맺는다면 머지않아 노랑풍선은 대한민국을 대표하는 여행사를 뛰어넘어 Global Travel Leader 기업으로 굳건히 자리매김할 수 있을 것이다.

고객의 니즈를 반영한 포트폴리오와 합리적 가격

기존의 일반적인 여행 패턴은 고객이 여행사를 방문해 여행사가 제시하는 상품 중에서 하나를 선택하는 것이었다. 하지만 노랑풍선은 무작정 기존 트렌드를 따라가는 대신 여행사 중심에서 소비자 중심으로 과감히 발상을 전환하여 여행 프로그램의 혁신적인 변화를 시도했다. 그에 따라 노랑풍선은 소비자의 니즈를 반영한 다양한 상품 포트폴리오를 개발했다.

2017년 10월, 자그마치 최장 열흘의 휴일을 즐길 수 있는 황금연휴가 찾아오자 노랑풍선은 '황금연휴에 떠나기 좋은 틈새 여행지'라는 여행상품을 자신 있게 내놓았다. 하루하루 바쁜 나날을 보내는 사회인들에게 모처럼 여행을 떠나 피곤한 몸과 마음을 힐링할 수 있는 절호의 기회가 생기자 노랑풍선에서 고객의 니즈에 걸맞은 다양한 여행상품을 선보인 것이다. 먼저 아열대의 이국적인 낭만을 즐기고 싶은 여행객은 '멘소레 오키나와 3일 여행'을 선택할 수 있다. 세계 최대 규모의 츄라우미 수족관, 오키나와의 자연과 문화를 체험할 수 있는 테마파크 등 오키나와 현지의 다양한 체험과 관광을 한꺼번에 즐길 수 있는 상품이다. 한국은 이미 선선한 가을에 접어든 10월에 눈부신 열대 바다를 즐기고 싶은 여행객이라면 '세부 5일 여행'을 선택할 수 있다. 해양 스포츠로 유명한 호핑투어와 여행의 피로를 씻어주는 스톤 마사지를 체험할 수 있으며, 시내관광과 쇼핑도 즐길 수 있는 여행상품이다. 편안하게 휴식을 취하며 안락하고 자유로운 여행을 즐기고 싶은 여행객은 '홍콩마카오 2개국/반나절 자유 4일 여행'을 선택할 수 있다. 엄선한 홍콩과 마카오의 베스트 관광지를 즐길 수 있고, 전 일정 동안 특급호텔과 3대 특식은 물론 자유시간도 함께 제공받을 수 있는 실속여행상품이다.

한편 패키지여행보다 자유여행을 선호하는 여행객의 경우 '방콕 5일 자유여행'을 선택할 수 있다. 방콕 중심지에 위치한 3성급 부티크 호텔을 제공받으면서 방콕의 명소인 카오산로드, 세계적으로 유명한 타이 마사지, 방콕의 멋진 야경을 감상할 수 있는 디너크루즈 등을 자유롭게 즐길 수 있다. 어린이를 동반한 가족여행에 안성맞춤인 여행상품도 있다. '괌 5일 여행'은 괌 힐튼호텔 메인타워 오션뷰 객실을 제공할 뿐 아니라 어린이들을 위한 다양한 프로그램이 마련된 키즈클럽을 무료로 이용할 수 있다. 호핑투어, 해양스포츠, 매직쇼, 정글어드벤처, 씨워커 등도 즐길 수 있다.

고객의 니즈를 반영한 노랑풍선만의 또 다른 강점은 거품 없는 합리

적인 가격이다. 노랑풍선의 대표 슬로건인 '거품 없는 직판 여행 No.1'
은 온라인 등을 통해 고객에게 직접 여행상품을 판매하는 것을 의미한
다. 대체로 여행사를 찾는 소비자들은 다른 무엇보다 가격에 가장 민감
하게 반응한다. 하지만 무조건 가격만 싸다고 해서 사람들이 여행사로
몰려드는 것은 아니다. 싸구려 중국 패키지여행이 많은 문제점을 양산
하고 있는 것처럼 말이다. 따라서 소비자들이 진정 원하는 것은 거품 없
는 합리적인 가격에 알차고 실속 있는 여행이다. 노랑풍선은 이러한 소
비자의 니즈를 일찌감치 파악하여 초창기부터 실속 있는 저가 여행에
초점을 맞추었다. 당시만 하더라도 저가 여행은 국내에서 생소한 개념
이었지만, 노랑풍선은 대리점을 거치지 않는 직판으로 유통 마진을 줄
임으로써 동일 상품을 경쟁사들보다 더 저렴한 가격으로 제공할 수 있
었다. 이러한 가격경쟁에서의 우위가 시장을 선도하는 성장의 견인차
역할을 했다. 현재 노랑풍선의 전체 매출에서 대리점 매출 비중은 20%
안팎으로 하나투어와 모두투어 같은 굴지의 여행사와 비교하면 절반
수준에 불과하다. 대리점 수수료를 절감하여 그 마진을 고객에 돌려주
는 차별화된 전략을 추구하고 있기 때문이다. 이러한 직판영업전략 덕
분에 노랑풍선은 단기간에 업계 상위 여행사로 도약할 수 있었다.

　노랑풍선은 고객들이 더욱 저렴하게 여행을 즐길 수 있도록 제휴사
와 함께 다양한 할인 이벤트도 진행하고 있다. 노랑풍선이 단독으로
진행한 롯데카드 12개월·24개월 장기 무이자 할부 혜택, 페이백 청구
할인, 특별 적립금 혜택 등이 그것이다. 또한 업계 최초로 24개월 무이
자 할부와 면세점 쇼핑지원금 3만 원 혜택을 제공하는 '롯데카드×롯데

면세점 플러스 페스티벌' 프로모션을 비롯하여 매주 수요일 선착순으로 판매하는 '한가로운 수요일 여행 초특가 챌린지' 프로모션 등도 함께 진행하고 있다.

차별화된
소비자 커뮤니케이션

여행사들 간의 경쟁이 치열해질수록 고객의 경험치와 기대치는 한층 더 높아지고 있으며, 그 결과 1등만 기억하는 고객들이 점점 증가하고 있다. 이러한 추세에서 소비자 인지도 확대를 위한 마케팅 활동도 더욱 중요해지고 있다. 일단 어떤 상품에 대해 소비자의 인지도가 확대되면 이를 기반으로 소비자의 태도 변화가 발생하여 우호적이고 긍정적인 태도가 형성된다. 그리고 결과적으로 타인에게 그 상품을 추천하고 입소문을 내는 파생효과를 낳을 수 있다. 기업들이 소비자의 인지도 확대를 위해 다양하고 효과적인 커뮤니케이션 채널에 주목하는 것도 이 때문이다. 노랑풍선의 경우 캠페인, 자체 홈쇼핑, SNS 등을 활용하여 차별화된 소비자 커뮤니케이션을 제공하고자 많은 노력을 하고 있다.

2014년에 노랑풍선은 이서진을 자사 모델로 내세워 '여행의 판을 바꾸다', 2015년에는 최지우와 함께 '챙겨줄게요 처음부터 끝까지'라는 광고캠페인을 진행했다. '여행의 판을 바꾸다'는 절찬리에 방영되었던 TV 프로그램 〈꽃보다 할배〉에서 널리 사랑받던 이서진이 나온 광고캠페인이다. 이서진은 〈꽃보다 할배〉에서 국민 짐꾼으로 불릴 정도로 고생하며 인기를 끌었지만, 이 광고에서는 "나 이제 짐꾼 안 해"라는 멘트와 함께 편안하고 여유롭게 여행의 즐거움을 만끽하는 모습으로 등장한다. 그러면서 '가격은 DOWN, 품격은 UP'이라는 슬로건에 딱 맞게 여행의 급을 끌어올린 노랑풍선의 이미지를 소비자들의 뇌리에 각인시킨다.

2017년에는 '너랑, 나랑, 노랑' 캠페인을 론칭하여 전속모델인 이서진과 함께 태국의 경관을 담은 TV 광고를 진행했다. '너랑, 나랑, 노랑'은 각양각색의 다양한 여행 스타일을 추구하는 고객의 마음을 읽고 연구하는 노랑풍선의 진정성과 함께 소비자들의 니즈를 반영한 여행서비스를 제공한다는 차별화 전략이 담겨 있다. 이 광고캠페인을 통해 노랑풍선은 고객 중심의 저렴하고 실속 있는 여행사라는 이미지를 소비자들에게 각인시킬 뿐 아니라 프로모션을 통해 실제 상품가를 낮춤으로써 홍보전략과 일맥상통하는 시너지 효과를 낳고 있다. 뿐만 아니라 고객의 마음을 잘 아는 '여행 친구'이자 적극적으로 소통하는 전문 여행사의 느낌으로 고객에게 한층 더 가까이 다가가고 있다.

노랑풍선은 점점 증가하는 해외여행 고객들의 수요를 충족하기 위해 자체 홈쇼핑 '노랑TV'도 론칭했다. '노랑TV'는 기존 패키지여행의 장점에 합리적인 가격, 전문적인 정보, 차별적인 혜택 등을 더해 고객에게 제공하는 직판여행 홈쇼핑이다. 노랑풍선 관계자는 "노랑TV를 통해 합리적인 가격의 질 높은 상품을 선보일 것"이라고 장담했다. '노랑TV' 론칭은 공식 홈페이지와 SNS를 통해 공개되었으며, 매주 금요

일마다 새로운 상품을 선보이고 있다.

2018년 5월 29일부터 3주간은 온라인 여행 축제인 '노랑풍선, 제1회 온라인 여행박람회'를 개최했다. 패키지/자유관, 여행올리Go관, 트리플A여행관, 항공관, 올려Dream관, 이벤트/혜택관 등의 섹션으로 구성된 박람회에서 노랑풍선은 TV 방송 연예인들과 함께 떠날 수 있는 특별기획상품뿐만 아니라, 관광·먹거리·체험·쇼핑 등 차별화된 콘텐츠 위주의 여행정보 및 여행상품을 소개했다.

노랑풍선 홈페이지도 고객들이 더욱 편리하게 여행상품을 이용하고 여행 관련 정보를 구할 수 있도록 새롭게 개편되었다. 신규 홈페이지에는 고객이 찾는 여행지가 카테고리별로 일목요연하게 분류되었으며, 이미지 중심의 레이아웃, 한눈에 볼 수 있는 상품의 핵심정보 기능, 여행지의 현재 날씨 및 시간 확인 기능 등이 추가되어 여행에 필요한 각종 정보를 쉽게 제공받을 수 있다. 모바일 웹사이트 서비스도 전면 개편되었다. 노랑풍선 홈페이지에 구현되어 있는 모든 콘텐츠를 모바일 환경에 최적화시켰는데, 덕분에 고객은 시간과 공간의 제약 없이 여행상품 및 관련 정보를 이용할 수 있게 되었다.

1등 여행사로 인정받기 위한 철저한 서비스 품질 관리

노랑풍선은 여행상품 판매는 물론 여행서비스 품질 관리를 위해서도 다각적인 시도를 하고 있다. 일례로 여행 단계부터 여행 후 만족도 평가까지 필요한 고객 맞춤형 정보를 제공하는 카카오톡 알림톡이 있다. 고객은 알림톡 서비스를 통해 예약과 취소 확인, 입금과 여권사본 요청, 부재중 전화 확인 등 정보성 메시지를 제공받을 수 있다. 또한 여행을 다녀온 후 편리하게 평가를 남길 수 있어 손쉽게 고객의 의견을 전달할 수 있다. 비즈니스 애티튜드(태도) 교육도 품질관리 측면에서 만족스러운 고객서비스를 제공하기 위한 것이다. 비즈니스 애티튜드 교육의 목적은 담당자가 고객의 여행계획 수립부터 사후관리까지 원스톱으로 응대하는 직판여행 시스템의 수준을 한 단계 더 끌어올리는 것이다. 여기에는 일상적인 근무 예절과 에티튜드 예절은 물론 고객을 직접 응대하는 전화 예절까지 다양한 프로그램이 포함되어 있다. 또한 만족스러운 고객서비스와 서비스 품질 향상을 위해 다양한 '소비자중심경영Consumer Centered Management, CCM' 활동도 진행하고 있다. 특히 2018년 하반기부터는 현지 여행서비스 품질 강화에 집중해 가이드 등록제를 통한 가이드 서비스 품질 관리, 현지 행사보고를 통한 서비스 개선점 발굴, 여행 중인 고객 대상 해피콜 진행 등의 활동을 전개하고 있다.

최근에는 '중구 여성청소년 지원사업 기부금 전달'이나 '전문 관광인재 육성을 위한 장학금 전달' 같은 사회기여활동에도 적극적으로 나서고 있다. 또한 아이들을 위한 통학로 조성 및 결손가정 아동을 위한 해외문화 탐방 등 다양한 사회공헌 프로젝트도 꾸준히 추진할 방침이다.

지속적인 가치 증대로
성장가도를 달리는 노랑풍선

노랑풍선은 국내 직판여행업계의 선두주자로 자체 개발한 여행상품을 중간경로 없이 직접 판매함으로써 탁월한 가격경쟁력을 갖추게 되었다. 그 결과 최근 5년간 매출은 평균 25%, 송출인원도 평균 36% 증가하는 성장가도를 달릴 수 있었다. 노랑풍선은 이를 바탕으로 2019년에는 매출 1,270억 원, 송출위원 198만 명을 목표로 성장에 더욱 박차를 가하고 있다. 노랑풍선은 "머리로 기억하고 가슴으로 담는 여행이라는 무형의 서비스를 제공해 소비자들에게 평생 잊지 못할 추억을 선물하기 위해 노력할 것"이라며, "대한민국 국민이 가장 선호하는 여행 브랜드로 자리매김해 국민 삶의 질을 향상하는 데 이바지할 수 있도록 최선을 다하겠다"고 밝혔다.

노랑풍선의 향후 목표는 지속적인 가치 증대다. 이를 위해 노랑풍선은 안정적 성장기반을 갖춘 기존 주력사업의 지속적 성장과 높은 성장성을 지닌 신규사업 전개, 그리고 업종 환경 트렌드 변화를 따르는 고부가가치 비즈니스 모델의 발굴 및 적용으로 더욱더 비약적인 발전을 도모할 계획이다.

권오현 | 노랑풍선 재무담당 및 전략지원실 이사

여행상품의 직판을 추구하시게 된 특별한 계기가 있으신가요?

'직판'은 소비자에게는 합리적인 가격을 제공하며, 여행사에게는 중간 유통비용(대리점 수수료 등)을 줄여 기업의 이익을 최대화할 수 있는 판매방식입니다. 노랑풍선은 2001년 설립 이후부터 직접판매 방식을 채택하여 합리적인 가격의 여행상품을 제공했습니다. 노랑풍선은 최소한의 비용으로 최대한의 즐거움을 선사할 수 있는 여행상품(가성비+가심비)을 제공하기 위해 항상 소비자들의 입장에서 고민하고 최신 트렌드에 맞는 새로운 여행상품 개발에 힘쓰고 있습니다. 또한 직판 여행사로서 본사 직원이 고객들과 직접 소통하고 판매하는 방식이기 때문에 전문적인 상담이 가능하며, 고객의 니즈 반영이 빠르다는 강점이 있습니다. 이러한 점들이 노랑풍선이 직판을 추구하게 된 이유입니다.

노랑풍선이 브랜드파워 강화를 위해 추진하고 있는 차별화 전략은 무엇입니까?

노랑풍선은 끊임없는 혁신과 변화로 업계 내 강력한 브랜드파워를 갖추었습니다. 2018년 7월, 아이덴티티 재정립과 브랜드 가치 향상을 목표로 회사 창립 이후 17년 만에 CI 리뉴얼을 단행했으며, 빠르게 변하고 있는 시장 상황에 맞추어 2018년 '서울투어버스여행 100% 자회사 인수'와 '일본 현지 법인 설립'을 마쳤습니다. 노랑풍선은 시티투어버스를 매개로 외국인 관광 유치사업을 펼쳐갈 예정이며, 추후 일본 현지법인에서 모객한 고객들을 버스에 태우는 형식으로 인바운드 사업에 활용해나갈 계획입니다. 노랑풍선은 일본 후쿠오카 내 법인 설립으로 더 이상 국내에만 국한되지 않고 글로벌 브랜드로서 성장해나갈 것을 기대하고 있습니다. 그뿐 아니라 패키지와 자유여행이 결합된 하이브리드 상품 개발과 OTA^{Online Travel Agency} 시스템 개발, 챗봇 시스템 도입 등과 같은 트렌드에 맞는 발빠른 변화로 젊은 여행사 이미지를 유지하는 것이 노랑풍선의 브랜드 이미지를 제고하는 전략입니다.

차별적인 소비자 커뮤니케이션을 위해 특별히 노력하는 부분이 있으신지요?

노랑풍선은 고객중심경영에 있어 '소통'을 가장 큰 실천덕목으로 삼고 있습니다. 각 소셜채널의 고유 기능인 페이스북 라이브, 인스타그램 스토리, 카카오톡 등을 적극 활용함으로써 기존 구독자들과 다양한 접점을 만들고, 보다 적극적으로 소통하기 위해 노력하고 있습니다. 그 노력으로 '카톡플러스 친구' 팔로워 수는 2018월 8월 전년 동월 대비 238% 증가했으며, 전체 채널 누적 팔로워 수는 47% 증가하는 결과를 얻었습니다.

특히, 최근에는 1인 인플루언서(유튜버)들의 영향력 증대에 따라 그들과 함께 영상을 제작했습니다. 유튜버들을 통한 간접적인 소통은 2019년의 트랜드에 맞춘 새로운 소통방법이라 할 수 있습니다. 노랑풍선은 앞으로도 다양하고 차별화된 방법으로 고객과 소통하고 그들의 목소리에 귀 기울이는, 고객과 상생하는 여행사가 되기 위해 노력할 것입니다.

차별화된 PB상품으로
트렌드를 이끄는 세븐일레븐

7-ELEVEN

세븐일레븐은 세계에서 가장 많은 점포 수를 보유하고 있는 세계 1등 편의점이다. 최근 들어 편의점 PB상품들이 소비자들로부터 인기를 끌기 시작하자 세븐일레븐은 '세븐카페', 'PB요구르트젤리' 등 차별화된 다양한 PB상품을 잇따라 출시하고 있다. 특히 저렴한 가격과 우수한 품질을 경쟁력으로 커피 시장에서 급부상한 세븐카페는 세븐일레븐의 대표적인 PB상품으로 편의업계의 새로운 트렌드를 이끌고 있다.

대한민국 편의점의 역사,
세븐일레븐

편의점의 원조 격인 세븐일레븐의 시발점은 1927년 미국 텍사스 주 달라시스의 '사우스랜드'라는 작은 제빙회사였다. 냉동시설을 이용하여 주로 신선식품을 팔던 이 회사는 1946년에 회사명을 '7-Eleven'으로 변경했다. 다른 회사와의 차별화를 위해 아침 7시부터 저녁 11시까지 영업하는 것을 원칙으로 삼았는데, 당시에는 유례가 없던 이 원칙을 강조하기 위해 아예 회사명으로 삼은 것이다. 1962년부터는 24시간 영업을 시작하여 본격적으로 연중무휴 24시간 운영 편의점 시대가 시작되었다.

그 이후 세븐일레븐은 전 세계에서 가장 많은 매장을 보유한 글로벌 체인으로 성장했다. 2017년 12월 현재 전 세계 18개국 6만여 개의 세븐일레븐 매장에서 매일 5,500만 명의 고객이 매장을 방문하고 있으며, 매 3.5시간마다 새로운 매장이 문을 열고 있다.

1988년, 미국 세븐일레븐 본사와의 제휴로 국내에 코리아세븐이 설립되었으며, 이듬해인 1989년 5월에 국내 최초의 편의점인 세븐일레븐 1호점이 서울 송파구 올림픽선수촌 아파트 상가 내에 들어섰다. 당시 대한민국 최초의 24시간 편의점으로 큰 화제를 모은 세븐일레븐은

코리아세븐 세븐카페

1994년에 롯데쇼핑에 인수된 이후 급속도로 성장하여 2001년 국내 프랜차이즈업계 최초로 1000호점을 넘어섰다.

최근 들어 1인 가구 증가 등으로 인해 소비자들의 소비패턴이 변하고, 가성비를 중시하는 소비 성향이 늘어나면서 소비자들의 니즈에 맞는 차별화된 편의점 PB^{Private Brand}상품들이 소비자들로부터 큰 호응을 받고 있다. 세븐일레븐 역시 PB제품의 효과를 톡톡히 보았다. 이러한 상황에서 세븐일레븐은 2015년 1월에 고품질 원두커피 브랜드인 '세븐카페SEVEN CAFE'를 론칭했다. 도시락과 함께 원두커피가 국내 편의점의 미래를 이끌 핵심상품이 될 것으로 판단하고 새로운 PB상품을 선보인 것이다.

세븐일레븐은 세븐카페 외에도 차별화된 다양한 PB상품을 개발하여 창의적인 아이디어가 돋보이는 메가히트 상품을 여럿 탄생시켰다. 그중 대표적인 히트상품이 바로 2016년에 출시한 PB요구르트젤리다. PB요구르트젤리는 새콤달콤한 요구르트의 맛과 모양을 그대로 젤리로 구현한 제품으로 젤리 시장을 넘어 유통업계의 새로운 트렌드를 이끌었다.

흥행 성공을 이끈
차별화된 PB상품

국내 편의점들이 성장의 한계에 부딪히면서 양적 경쟁에서 질적 경쟁으로 전환하고 있는 가운데 편의점업계의 PB상품 경쟁이 더욱 치열해지고 있다. 편의점업계가 PB상품 판매에 집중하는 까닭은 그다지 변별력이 없는 일반 상품과 달리 PB상품의 경우 편의점별로 차별화가 가능해 경쟁력을 키울 수 있고, 또 그것이 매출과 수익성으로 바로 연결되기 때문이다.

세븐일레븐 역시 차별화된 다양한 PB상품 개발에 많은 공을 들이고 있다. 그중 성공작으로 손꼽히는 상품이 바로 PB요구르트젤리다. 2016년 5월 25일에 처음 선보인 PB요구르트젤리는 출시 1년 만에 누적 판매량 1,800만 개를 기록할 만큼 선풍적인 인기를 끌었다. 이는 하루에 5만 개 이상 꾸준히 판매된 것으로 기존 베스트 젤리였던 하리보 젤리보다 약 13배가량 높은 판매수치였다. 특히 출시 이후로 바나나맛 우유, 박카스F, 레쓰비 마일드, 참이슬 등 편의점의 전통적인 스테디셀러보다 높은 판매량을 기록하여 명실공히 세븐일레븐의 대표 상품으로 자리매김했다.

세븐일레븐의 PB상품으로 성공을 거둔 요구르트젤리

PB요구르트젤리는 요구르트 원액을 그대로 담아 새콤달콤하고 쫄깃한 식감이 특징이다. 간편 디저트로 아이들은 물론 성인들에게도 선호도가 높은 젤리류에 요구르트를 결합하여 재탄생시킨 이 상품은 출시되자마자 소비자들의 입맛을 사로잡으며 날개 돋친 듯 팔려나갔다. 2017년에는 세븐일레븐 전체 판매순위에서 9위를 차지하며 효자상품 노릇을 톡톡히 했다. 한편 PB요구르트젤리가 꾸준히 인기를 끌자 PB딸기요구르트젤리(2016년 8월)와 PB사과요구르트젤리(2017년 3월) 등 새로운 맛을 원하는 소비자의 니즈를 반영한 상품들이 연이어 출시되었다.

PB요구르트젤리의 흥행 성공은 관련업계의 신제품 출시 트렌드에도 새로운 변화의 바람을 불러일으켰다. 편의점업계에서는 기존 장수식품 콘셉트를 응용한 과자맛젤리, 음료맛젤리, 아이스크림젤리 등 이색 젤리 식품들이 앞다투어 출시되었다. 또한 아이스 요구르트, 요구르트 아이스팩, 요구르트맛 아몬드, 요구르트 빼빼로 등 젤리가 아닌 요구르트 활용 상품들도 대거 출시되었다.

저렴한 가격과 철저한 품질관리로
승부하는 세븐카페

2017년 국내 원두 수입량은 11만4,419톤으로 2013년 수입량 10만 7,609톤보다 6.3% 증가한 것으로 나타났다. 커피 한 잔에 원두 10g이 늘어가는 것으로 계산하면 대한민국 성인 1인당 하루 2잔의 커피를 마시 셈이다. 커피 시장의 성장세가 계속되는 상황에서 최근 들어 편의점의 원두커피 열풍이 뜨겁다. 보통 4,000원을 웃도는 프랜차이즈 커피 전문점에 비해 맛과 가격 면에서 가성비 높은 편의점 커피를 찾는 소비자들이 점점 늘어나고 있기 때문이다. 세븐일레븐의 커피 브랜드인 세븐카페의 경우 누적판매량이 2015년 200만 잔에서 2016년 2,700만 잔, 2017년 4,500만 잔, 2018년 7월까지 2,800만 잔에 이르며 도합 1억 잔이 넘는 판매고를 기록했다.

편의점 커피 브랜드인 세븐카페가 비교적 최근에 출시되었음에도 불구하고 높은 성장세를 보이는 것은 크게 두 가지 측면에서 경쟁력이 있기 때문이다. 첫 번째는 저렴한 가격으로 기존에 형성되어 있던 커피 가격의 거품을 없앴다는 것이다. 세븐카페 가격은 레귤러 사이즈 기준으로 아메리카노는 1,000원, 카페라떼와 아이스 아메리카노는 1,500원, 아이스 카페라떼와 프라페는 2,000원이다. 예전에는 커피 수요층이 대부분 커피 전문점에서 편안하고 여유 있게 커피를 즐기는 사람들이었지만, 최근에는 커피 자체만 테이크아웃으로 즐기는 사람들이 차츰 늘어나고 있다. 세븐카페의 성공에는 1인 가구의 증가와 함께 가성비를 중시하는 소비 트렌드에 맞게 커피 가격을 책정한 것이 주효했다. 또한 편의점 특성상 커피 전문점에 비해 임대료, 인건비, 인테리어 비용 등의 부담 없이 최소한의 관리만으로 운영이 가능한 것도 가격경쟁력에서 한몫했다.

세븐카페의 두 번째 경쟁력은 우수한 품질이다. 세븐카페는 엄격한 품질관리를 통해 신선한 커피를 합리적인 가격에 제공한다. 무엇보다 국내 편의점업계에서 최초로 시도한 전자동 '드립방식'으로 커피 본연의 맛을 즐길 수 있다는 것이 큰 장점이다. 고압 스팀으로 추출하는 에스프레소 방식이 아니라 종이 필터를 이용해 한 잔씩 내리는 드립방식의 커피는 오일 성분이나 미세한 입자들이 필터에 걸러지면서 더 깔끔한 맛을 느끼게 해준다. 세븐카페는 최상의 커피맛 구현을 위해 국내 최대 규모의 설비를 갖춘 커피 전문업계에서 블랜딩한 100% 아라비카 원두를 사용하고 있다. 또한 최적의 원두 밸런스를 위해 에티오피아(40%), 브라질(40%), 콜롬비아(20%)산 원두를 섞어 사용하며, 600℃ 이상 고온의 열풍으로 균일하게 로스팅하고 있다. 세븐카페는 생두 관리와 원두 생산에도 세심하게 신경 쓰고 있다. 각각의 생두는 최적의 향온과 향습 조건으로 보관하고 있다. 또한 세계적 수준의 설비를 갖춘 원두공장에서 생두 공급, 로스팅, 포장에 이르는 전 과정을 자동화된 시스템하에 철저히 위생적으로 관리하고 있다. 모든 원두 이송관에 케이블베이Cablevey를 설치하여 산소 접촉과 파손을 최소화하고 있으며, HACCP, FSSC22000 유기 농산물 가공인증 획득으로 품질관리에 만전을 기하고 있다. 세븐카페는 이러한 철저한 품질관리와 차별화된 제품 개발로 커피 전문점 못지않은 수준의 커피를 소비자에게 제공하고 있다.

2018년 4월에 세븐카페는 아이스커피의 원두 품질을 개선하여 '세븐카페 아이스'를 출시했다. 한층 업그레이드된 세븐카페 아이스에는 사회적·노동적·환경적 보호관리에 대한 기준을 통과한 생두에 부여

되는 열대우림동맹Rainforest Alliance 인증 생두를 30% 사용하고 있다. 원두 배합은 한국인이 가장 선호하는 콜롬비아산(50%)을 중심으로 브라질산(30%)과 우간다산(20%)을 블렌딩하여 기존 제품보다 더 부드럽고 깔끔한 맛을 구현했다. 또한 기존 아이스커피 제품은 라지 사이즈(1,800원)만 판매했으나 이번에는 레귤러 사이즈(1,500원)을 추가하여 소비자 선택의 폭을 넓혔다.

세븐일레븐은 디저트 문화의 대중화와 함께 편의점 원두커피 시장의 꾸준한 성장에 따라 세븐카페에 적합한 '세븐카페 프리미엄 디저트'를 새롭게 출시했다. 세븐카페 프리미엄 디저트는 붉은빛을 강하게 낸 촉촉한 초콜릿 머핀인 '레드벨벳머핀', 오렌지 페이스트와 스틱 오렌지를 활용해 향긋한 풍미가 일품인 '오렌지 휘낭시에', 다크초콜릿과 바

저렴한 가격에 다양한 메뉴를 제공하는 세븐카페

나나리플잼이 조화롭게 어우러진 '초코바나나케익', 녹차의 깊은 풍미를 느낄 수 있는 '그린티브라우니', 초코칩과 호두가 들어가 고소하고 달콤한 맛을 즐길 수 있는 '쇼콜라브라우니'로 총 5종이다. 디저트 문화가 보편화되면서 호텔이나 디저트 전문점에서만 맛볼 수 있었던 고급 디저트를 가까운 편의점에서 합리적인 가격에 간편하게 즐길 수 있도록 한 것이 프리미엄 디저트의 출시 배경이다. 세븐일레븐은 세븐카페 프리미엄 디저트 5종을 수도권 주요 상권에 위치한 매장 1,100여 곳에서 시험 판매한 다음 전국 매장으로 확대해나갈 예정이다.

차별화된
수익모델 개발

최근 들어 세븐일레븐은 점포 수 확대에 속도를 내는 대신 수익성을 높이는 데 주력하고 있다. 전국적으로 편의점 점포 수가 포화상태에 이르러 더 이상 점포 수 확대전략을 펼치기 힘들어졌기 때문이다. 세븐일레븐은 그동안 부진한 점포를 정리하는 한편, 점포 구조개선과 점포 차별화로 수익성 개선에 힘쓰고 있다. 아울러 카페형, 사무실형, 복합상품형 등 상권에 맞는 다양한 콘셉트의 점포를 선보이며 편의점 형태의 새로운 트렌드도 시도하고 있다.

  2018년 8월에는 가맹점의 수익성과 경쟁력을 강화할 차세대 수익모델로 최첨단 무인 자판기형 편의점인 세븐일레븐 익스프레스를 개발했다. 기존 가맹점의 세컨드 점포 기능을 수행할 목적으로 개발된 세븐일레븐 익스프레스는 신규 단독 가맹점이 아닌 기존 가맹점의 위성 점포 역할에 초점을 맞췄다. 매출, 발주, 재고 관리, 정산 등 모든 운영 시스템은 본점과 연결되어 있으며 본점 관리하에 무인 시스템으로 운영된다.

현재 시범운영 중인 세븐일레븐 익스프레스는 고객 수요가 높은 5개 카테고리(음료, 스낵, 푸드, 가공식품, 비식품)의 200여 개 상품을 갖추고 있다. 상품 선정은 매출이 높은 베스트 및 필수상품 중 소용량 상품 위주로 구성했으며 담배와 주류는 기본적으로 제외했다. 상품 결제는 현재 현금 사용은 불가하고 신용카드와 교통카드로만 가능하지만 차후에 핸드페이Hand-Pay와 엘페이L.Pay까지 결제수단을 확대할 예정이다. 세븐일레븐 측은 갈수록 치열해지는 경쟁 속에서 세븐일레븐 익스프레스가 경영주의 수익과 운영 만족을 높일 수 있는 확실한 모델이며, 고객들에게도 재미있고 편리한 새로운 쇼핑 경험을 제공할 수 있을 것으로 기대하고 있다.

고객과 소통하는 세븐일레븐

세븐일레븐은 2018년 2월, 고객과의 소통을 위해 누구나 참여할 수 있는 '17초 영화제' 공모전을 개최했다. 세븐일레븐 '17초 영화제' 공모전은 세븐카페와 세븐일레븐 도시락의 홍보영상을 제작하는 것이었다.

참가 방법은 장르와 형태 제한 없이 17초 이내에 자유롭게 표현한 영상을 만들어 페이스북, 인스타그램, 유튜브 등에 해시태그(#세븐일레븐, #편의점17초영화제)를 붙여 올리는 것이었다. 세븐일레븐은 소비자의 일상생활 속에서 소소한 행복을 주는 편의점의 대표 먹거리를 통해 모두가 즐길 수 있으며, 누구나 쉽게 참여하고 소통할 수 있는 이벤트를 만들고자 '17초 영화제'를 기획했다.

세븐일레븐은 소비자들에게 새로운 재미와 가치를 제공하면서 보다 친근하게 소통하고자 다양한 협업을 통해 차별화된 상품들을 지속적으로 선보이고 있다. 2018년 6월에 배달 앱인 '배달의민족'과 협업해 출시한 이색 컵커피 '주문하신 아메리카노/카페라떼'도 그중 하나다. 세븐일레븐은 배달의민족을 운영하는 '우아한 형제들'과 상호업무협약을 체결하여 음료, 스낵, 비식품류 등의 카테고리에서 배달의민족 문구와 디자인을 활용한 PB상품을 다양하게 출시하고 있다. 아메리카노와 카페라떼 등 2종으로 구성된 '주문하신 컵커피'는 브라질 스페셜티 원두를 사용하여 깊은 풍미를 느낄 수 있다. 특히 이 제품에서는 '주문하신 아메리카노 나왔습니다'라는 독특한 패키지 디자인이 눈길이 끈다. 커피 전문점에서 주문한 커피가 나오는 상황을 패러디하여 만든 이 문구는 배달의민족 특유의 B급 정서와 유머 코드를 활용하여 젊은 층에게 특히 큰 인기를 얻고 있다. 우아한 형제들과 협업하여 단기간에 소비자의 관심을 사로잡은 콜라보 제품들이 브랜드 인지도와 매출 증대에 기여하고 있음은 물론이다.

고객과의 소통을 중시하는 세븐일레븐은 다양한 사회공헌활동에도 적극적이다. 대표적으로 유니세프와 함께 진행하는 '사랑의 동전 모으기'가 있다. 사랑의 동전 모으기는 2002년 편의점업계에서 가장 먼저 시작한 최장기 동전 모금 캠페인으로 전국 9,200여 개의 세븐일레븐 점포에서 진행되고 있다. 지난 16년간 누적 모금액은 8억 원에 달한다. 세븐일레븐 고객들이 참여한 모금액은 유니세프를 통해 어려운 환경에 처해 있는 세계 각국의 아동들을 돕는 데 사용되고 있다.

세븐일레븐은 국가를 위해 헌신하는 국군 장병의 노고에 감사하는 마음과 함께 애국심 고취를 위한 나라사랑 캠페인도 활발히 진행하고 있다. 2014년에는 국가보훈처와 업무협약MOU을 맺고 제대 군인 특별 창업지원 프로그램을 마련했으며, 2016년에는 해군사관학교의 순항훈련전단에 5년간 총 1억 원 상당의 물품을 후원하는 '해군순항훈련 후원 협약MOU'을 체결했다.

또한 지난 2013년부터 소외계층을 지원하는 봉사활동의 일환으로 매년 서울 지역 주요 쪽방촌 어르신들을 위해 다양한 나눔활동도 진행하고 있다. 2018년 여름에는 연일 계속되는 폭염에 고생하는 쪽방촌 거주민을 위한 물품지원에 나섰다. 세븐일레븐 임직원과 경영주로 구성된 봉사단은 서울 남대문 쪽방촌 거주민 300여 세대에 생수, 도시락, 수박화채 등을 지원했으며, 세븐카페 트럭도 함께 이동해 시원한 세븐카페 아이스커피를 즉석에서 전달했다. 이 밖에도 세븐일레븐은 여름철 생수 긴급 지원, 명절맞이 식사 및 생필품 지원 등 열악한 환경에서 어려움을 겪는 소외계층을 위한 지원과 봉사활동을 지속적으로 펼치고 있다.

1등 편의점으로 도약하기 위한
새로운 수익구조 구축

최근 들어 신규점포 출점 제한, 최저임금 인상 등의 요인들이 추가되면서 편의점업계 전망은 그리 밝지 않다. 이에 편의점업체들은 저마다 새로운 수익구조 마련에 심혈을 기울이고 있다.

세븐일레븐의 경우, 가맹점의 기초경쟁력 강화를 위해 고객 친절과 깨끗한 점포 환경 구축을 주요 운영전략으로 내세웠다. 세븐일레븐의 점포 운영 기본 4법칙(친절, 청결, 상품구색과 진열, 선도 관리) 중 친절과 청결이 점포의 첫인상을 결정하고 매출을 좌우하는 가장 중요한 요인이라고 판단했기 때문이다. 세븐일레븐이 2019년 새해를 맞아 고객들과 함께 신년 포부를 공유하는 '2019년 친절·청결 1등 편의점' 시무식을 진행한 것도 그 때문이다. 실제로 세븐일레븐이 친절·청결 진단 평가 상위 20% 점포와 하위 20% 점포를 비교 분석한 결과, 상위 점포들의 매출이 평균 54.4% 높은 것으로 나타났다. 이에 세븐일레븐은 본사에서 가맹점포 청소를 지원해주는 '청바지 캠페인'을 확대 운영할 계획이다.

또한 미래 편의점 핵심 먹거리로 자리 잡은 도시락 등 푸드 상품에 대한 1등 경쟁력 확보에도 집중하고 있다. 이를 통해 세븐일레븐의 전략적 운영 방향인 '프레쉬 푸드 스토어Fresh Food Store'를 실현해 차별화된 경쟁력을 확고히 마련하고 경영주의 안정적인 수익 기반을 다질 계획이다. 가맹점 운영효율 증진을 위한 시스템 및 서비스 개발도 강화하고 있다. 2019년 1월에 가맹점의 스마트한 업무지원을 위한 인공지능^AI 기반 '챗봇 브니' 서비스를 선보인 것도 이러한 노력의 하나다. 뿐만 아니라 미래형 점포 모델로 큰 관심을 받고 있는 카페형 편의점 '도시락 카페'를 더욱 확대해나가고, 업계 최대 규모의 ATM기를 활용한 생활금융 서비스도 전략적으로 키워나갈 예정이다.

이와 같이 세븐일레븐은 편의점 영업환경이 갈수록 어려워지는 상황에서 경쟁력 있는 수익구조를 구축함으로써 1등 편의점으로의 도약을 꿈꾸고 있다.

INTERVIEW

최경호 | 코리아세븐 상품부문장 상무

세븐일레븐의 PB상품인 요구르트젤리가 소비자들 사이에서 호응이 높았던 이유는 무엇인가요?

PB요구르트젤리는 젤리류가 간편 디저트로 어린아이들뿐만 아니라 어른들에게도 인기가 높아지고 있는 점에 착안하여, 당사만의 차별화된 제품을 개발하는 것에 주안점을 두고 시작되었습니다. 당시 젤리 시장에는 과일맛·과일향 젤리가 대부분이어서, 차별화되면서도 누구나 좋아할 맛을 찾던 중 남녀노소 누구나 좋아하는 '요구르트맛'으로 상품이 개발되었습니다. PB요구르트젤리는 요구르트 원액을 함유하고 새콤달콤한 맛과 쫄깃한 식감으로, 마시는 요구르트에서 씹는 요구르트로 발상을 전환시킨 상품입니다. 여기에 패키지 디자인을 요구르트 페트로 형상화하여 기존 상품패키지의 공식을 뒤집어 직관적으로 상품을 강조하는 패키지 마케팅을 선보임으로써 고객들로부터 많은 호응을 얻었습니다.

PB요구르트젤리는 요구르트라는 친숙한 소재를 바탕으로 맛·형태·패키지까지 요구르트를 형상화하여 고객에게 익숙하면서도 차별화된 가치를 부여했습니다. 출시 첫날부터 과자류 매출 1위를 기록하며 누적판매량 3,000만 개를 돌파한 PB요구르트젤리는 국내 젤리 시장의 트렌드를 변화시키고 당사의 메가히트상품으로 자리 잡았습니다.

최근 편의점 카페의 트렌드는 무엇이며, 세븐카페에서는 이러한 트렌드에 어떠한 브랜드마케팅, CS활동을 전개하고 있으신지요?

편의점에서 테이크아웃 커피를 찾는 고객이 지속적으로 증가하고 있습니다. 편의점들이 원두커피 경쟁을 펼치기 시작한 건 2015년부터입니다. 세븐일레븐은 그해 1월 업계 처음으로 자체 원두커피 브랜드 '세븐카페'를 내놓았습니다. 세븐카페는 국내 편의점업계에서 유일한 드립방식 추출 커피로, 최상의 커피맛 구현을 위해 100% 아라비카 원두를 사용하고 있으며, 600℃ 이상 고온의 열풍으로 균일하게 로스팅하고 있습니다. 세븐카페만의 합리적인 가격과 맛을 구현한 것도 확실한 강점입니다. 또한 2018년 4월과 10월에 세븐카페는 원두 품질을 한층 더 높였습니다. 업계 최초로 열대우림동맹 인증을 받은 생두를 30% 사용하여 프리미엄의 가치를 한층 높인 것입니다.

한편 세븐카페는 친환경 편의점에 앞장서기 위해 유통업계 최초로 일회용 얼음컵을 재활용이 가능하도록 완전 투명한 무지 형태로 변경했고, 기존 얼음컵 표면에 표시했던 브랜드 로고, 바코드 등을 과감히 없애 환경 사랑 실천에 적극적으로 나서고 있습니다. 또한 11월에는 종이빨대를 도입하여 환경 사랑 실천을 지속적으로 실행해가고 있습니다.

세븐카페는 언제 어디서나 맛있고 신선한 커피를 제공하는 것을 핵심가치로 지난 2015년 1월부터 전국 세븐일레븐에 지속적으로 확대하고 있습니다.

세븐카페 확대와 요구르트젤리와 같은 PB상품 론칭에 있어, 계획하고 있으신 바에 대해 말씀 부탁드립니다.

밀레니얼 가족(1, 2인가구) 트렌드가 지속되면서 간편하게 조리하거나 바로 취식할 수 있는 상품에 대한 소비자들의 수요가 지속적으로 증가하고 있습니다. 당사 즉석조리식품과 신선식품 매출도 매년 100% 이상 신장하고 있으며, 이를 더욱 강화하기 위해 Deli형 상품과 HMR 상품 강화에 초점을 맞추고 있습니다. 세븐카페와 함께할 수 있는 다양한 디저트 구색을 확대하고, 즉석조리 상품군을 확장하여 고객들이 더욱 필요로 하는 차별화된 유통채널을 구축하고자 합니다. PB상품의 경우 상품이 가진 본질적인 상품성에 '재미', '차별성', '새로운 형태', '콜라보' 등 다양한 가치를 부여하여 고객으로 하여금 새로운 경험을 할 수 있는 상품을 지속적으로 개발하려 하고 있습니다. 예전 PB상품의 경우 가격소구형 상품 위주였지만 현재는 가치소구형 상품에 대한 고객 수요가 높아짐에 따라 어떤 가치를 어떻게 부여하느냐에 많은 노력을 기울이고 있습니다.

디지털을 통해
'차별화된 Only 1' 기업으로
도약하는 신한카드

국내 최초로 앱카드를 출시한 신한카드는 간편결제를 기반으로 결제·금융·
생활편의 서비스를 한 번에 제공해주는 신한카드 Fan 출시로 명실공히 대
한민국 대표 신용카드 브랜드로 자리 잡았다. 특히 신한카드 Fan을 한 단
계 진화시킨 디지털 솔루션 기반의 신한Pay Fan을 출시하면서 신한카드
는 카드사를 넘어 디지털 생태계 초연결을 통한 'Only 1' 기업으로의 도약
을 준비하고 있다.

세상의 판을 바꾼 대한민국 대표
신용카드 브랜드

신한카드는 업계 최다인 2,200만 고객과 시장점유율 1위로 압도적인 위상을 가진 대한민국 대표 신용카드 브랜드다. 이것은 끊임없는 연구와 혁신으로 신용카드 시장을 선도하면서 남들보다 앞서 새로운 영역을 개척하고 디지털 전략에 박차를 가하며 얻은 값진 결실이다.

신한카드는 지난 2013년 모바일 시장의 성장 가능성에 주목하고 모바일 환경에서 고객 이용 편의성을 높인 앱카드를 국내 최초로 출시했다. 그리고 2016년 4월에는 이를 모바일 플랫폼으로 탈바꿈시키고, 고객과 고객, 사업과 사업을 연결해 고객의 일상생활에 가치 있는 정보를 제공하며, 스마트한 경제생활을 지원하는 종합 플랫폼 '신한카드 FAN'을 선보였다. 기술의 한계를 넘어 다양한 영역의 연결을 통해 생활의 가치를 만들어가겠다는 'Borderless' 철학을 기반으로 '세상의 판을 바꾸다'라는 슬로건과 함께 세상에 나온 신한카드 FAN은 편리한 금융서비스와 다양한 혜택을 동시에 누릴 수 있는 생활 플랫폼 서비스다.

신한 FAN에는 바코드, QR코드, NFC, FAN삼성페이 결제 및 지문인증, 홍채인증 등 최신 핀테크 기술을 적용한 온·오프라인 간편결제

서비스를 기본으로, 운세·게임·웹툰 등 재미있는 서비스와 쇼핑·제주여행·공과금 납부 등 다양한 생활편의 서비스는 물론, 투자정보·인터넷보험·자동차금융 등 신한금융그룹의 다양한 금융서비스까지 탑재되어 있어 고객들이 편리하게 이용할 수 있다. 그리고 이러한 차별화된 서비스를 통해 단일 금융사 최초로 가입고객 1,000만 명을 돌파하여 국내 대표 모바일 생활 플랫폼 서비스로 자리매김했다.

2018년에는 앱카드 본연의 기능인 결제·금융서비스에 집중하는 한편, 인공지능AI·빅데이터 등의 디지털 솔루션을 기반으로 고객 개인별 맞춤혜택 서비스를 제공하는 '신한Pay FAN'을 새롭게 론칭했다. 신한Pay FAN은 기존 모바일 플랫폼 신한 FAN을 한 단계 진화시킨 모델이다.

국내 카드업계를 선도하는 신한카드는 그 명성에 걸맞게 사회공헌 활동에도 적극적이다. 카드업계 최초로 한 아름 가득 사랑을 담는다는 의미를 담아 '아름'과 사람 '人'을 조합한 사회공헌 브랜드 '아름人'을 출시했다. 또한 2005년에는 금융권 최초로 기부 전용 포털사이트 '아름人arumin.shinhancard.com'을 개설했다. 특히 신한카드만의 차별화된 사회공헌을 전개하기 위해 '아름人'의 심볼마크와 3색 색상으로 만들어진 BI를, 대표 사회공헌 프로그램인 '아름人 도서관', 대학생과 함께하는 '아름人 대학생 해외봉사단', 고객과 함께 정기적인 봉사를 실천하는 '아름人 고객봉사단', 청소년의 금융지식 향상에 기여하는 '아름人 금융탐험대', 저소득층 아동 독서 프로그램 '아름人 북멘토', 신한카드 임직원의 나눔활동인 '아름人 임직원 봉사단' 등 신한카드의 모든 사회공헌활동과 프로그램에 일관되게 사용하고 있다.

빅데이터 역량 강화와
차별화된 고객 소통으로 이룬 결실

신한카드는 빅데이터 역량 강화에도 많은 공을 들이고 있다. 이것은 빅데이터를 기반으로 한 '초개인화 마케팅' 능력을 극대화하기 위한 것이다. 경제활동을 하는 대다수 소비자들이 카드로 결제하기 때문에 카드사들은 고객 결제패턴 등 방대한 양의 데이터를 보유하고 있다. 따라서이러한 데이터를 활용하여 카드 사용 고객의 패턴을 정밀하게 분석하면 카드 사용자별로 맞춤형 서비스를 제공할 수 있다. 신한카드의 경우 신한Pay FAN에서 빅데이터 분석을 통한 개인별 추천 마케팅을 진행하고 있다. 여기에 빅데이터 분석을 통한 표적 마케팅으로 마케팅 비용도 대폭 절감하는 효과를 얻고 있다. 신한카드는 2,200만 명이 넘는 회원을 보유하고 있어 빅데이터 활용에 무궁무진한 잠재력을 가지고 있다. 최근에만 하더라도 빅데이터 분석을 통해 40개 기업에서 컨설팅을 진행하여 연간 수십억 원의 수익을 올리고 있다.

  빅데이터 활용으로 성공을 거둔 대표적인 사례가 신한 Deep Dream 카드다. 신한카드 10주년에 맞춰 2017년 9월에 출시한 신한 Deep Dream 카드는 출시 5개월 만에 100만 장 발행을 달성할 정도로 선풍적인 인기를 끌었다. Deep Dream 카드는 빅데이터를 통해 얻은 인사이트를 토대로 다양한 디지털 신기술을 활용하고, 정교한 고객추천 알고리즘을 적용하여 고객에게 차별화된 혜택을 제공하고 있다. 이 카드의 성공비결은 포인트 혜택을 강화하고 누구나 포인트를 쌓을 수 있게 한 것이다.

신한 Deep Dream 카드는 전월 이용실적에 상관없이 모든 가맹점에서 최대 0.8% 기본적립이 가능하며 당월 가장 많이 사용한 영역에서 최대 3.5%까지 적립할 수 있다. 또한 매월 고객의 빅데이터를 분석하여 자동으로 가장 많은 혜택을 받을 수 있게 해주는 '오토 셀렉션Auto selection' 기능도 도입했다. 본인의 서명을 직접 디자인해 카드 플레이트에 탑재하는 '셀프 시그니처Self signature' 기능도 처음 선보였다.

신한 Deep Dream 카드 이용 고객은 이용금액에 따라 가입축하 5,000포인트, 주말 전 주유소 대상 리터당 80포인트 적립 등과 같은 혜택을 받을 수 있다. 신한은행 이용 시(전월 20만 원 이상 사용 고객)에는 월 10회까지 송·출금 수수료를 면제해주며, 카드 이용 고객 중 신한금융투자 첫 고객에게는 10년간 온라인 수수료 면제 등의 그룹 우대 서비스도 제공한다. 그 밖에 주말 주유 할인서비스, 3·6·9 택시 할인 서

빅데이터 분석을 통해 최대 3.5% 적립 혜택을 주는 신한 Deep Dream 카드

비스와 같은 부가서비스도 30대 남성들에게 큰 인기를 끌고 있다.

신한카드는 고객중심경영 이념을 바탕으로 고객과의 소통에도 앞장서고 있다. 16년간 사랑받아온 어린이 미술축제 '꼬마 피카소', 인디밴드 육성 프로그램 'GREAT 루키 프로젝트', LG아트센터와 진행한 콜라보레이션 'GREAT 아트컬렉션', 새로운 복합문화공간 신한카드 FAN(판) 스퀘어, 부산 소향씨어터 신한카드홀 개관 등이 고객과의 소통을 위해 신한카드에서 진행하고 있는 대표적인 브랜드 마케팅 프로그램이다.

특히 2018년으로 17회째를 맞은 꼬마피카소 그림축제는 1만여 명의 고객과 자녀들이 참여하여 국립과천과학관에서 성황리에 개최되었다. 축제에 참여한 어린이들은 '행복한 우리 가족', '내가 꿈꾸는 미래 세상'을 주제로 그림을 그렸으며, 가족과 함께 어린이 뮤지컬, 버블 매직쇼 등의 다양한 무대공연을 관람하고 블록 놀이, 드림캐쳐 만들기, 장기자랑 등에 참여하며 즐거운 시간을 보냈다. 신한카드는 향후에도 한층 업그레이드된 프로그램을 통해 다양한 세대의 고객들과 차별화된 소통을 나눌 계획이다.

고객 맞춤형 서비스를 강화한
신한Pay Fan과 신한 체크카드

2018년 10월에 신한카드는 기존의 디지털 플랫폼인 신한 FAN에서 결제·금융서비스에 집중하고 고객 개인별 맞춤 서비스를 강화한 '신한 Pay FAN'를 선보였다. 새롭게 진화한 신한Pay FAN은 고객이 상품과 서비스를 구매하는 일상의 매순간 신한카드의 혜택과 정보를 더 효과적으로 연결하고 개인별 맞춤형 혜택을 실시간으로 제공하는 서비스 실현을 지향한다. 또한 디지털 플랫폼의 이점을 적극 활용하여 고객 맞춤형 추가혜택 정보를 제공하며, 고객과의 실시간 터치 및 신한카드만의 AI와 빅데이터 활용 같은 새로운 디지털 솔루션을 극대화하고 있다.

새롭게 변신한 신한Pay FAN에서 특히 돋보이는 장점은 금융 앱 최초로 사회관계 서비스SNS에서 사용되는 타임라인 방식의 인터페이스를 적용했다는 것이다. 이를 통해 고객은 내가 이용한 카드 내역을 손쉽게 확인하고, '더보기'를 통해 가맹점 정보와 가맹점이 제공하는 혜택까지 실시간으로 이용할 수 있다. 또한 신한카드가 빅데이터로 분석한 고객 맞춤형 혜택 추천을 통해 고객이 자주 찾는 분야의 가맹점 할인쿠폰도 편리하게 확인할 수 있다.

신한Pay FAN은 앱의 사용성도 강화했다. 메인 화면인 '홈' 탭에서 추가 로그인 없이 단 한 번의 로그인만으로 결제는 물론 가맹점 추천, 쇼핑, 오토, 스마트오더, 탑스클럽, 해외여행 예약 등 신한카드의 다양한 서비스에 손쉽게 연결할 수 있다. '서비스' 탭을 통해서는 내가 원하는 서비스와의 연결을 한층 용이하게 해주는 DIY 메뉴 설정이 가능하다. 즉, 자주 이용하는 서비스를 선택하여 원하는 위치로 변경함으로써 자신만의 메뉴 체계를 구성할 수 있는 것이다.

뿐만 아니라 콜센터와 홈페이지에서 주로 이루어지던 고객서비스^{CS} 영역도 신한Pay FAN을 통해 더욱 편리하게 이용할 수 있게 되었다. 기존 신한 FAN에서는 CS 업무의 절반 정도가 처리되었다면 신한Pay FAN에서는 최대 96%까지 CS 업무가 가능해졌다. 여기에 AI 기반의 챗봇 기능과, 카드를 비추면 혜택이 바로 등장하는 증강현실^{AR} 기술도 새롭게 도입되었다.

최근 들어 금융당국이 전국 가맹점을 대상으로 수수료 인하 혜택을 주기로 하자, 손실이 불가피해진 카드사들이 연회비를 인상하거나 무이자할부와 캐시백 혜택을 없애는 등의 마케팅 비용 축소에 나서고 있다. 이러한 상황에서 신한카드는 실속을 찾는 소비자들을 위해 고객 맞춤형 혜택을 제공하는 체크카드를 선보이며 고객 확보에 적극 나서고 있다.

2018년 7월 말에 신한카드는 CJ와 손잡고 'CJ ONE 신한카드 체크'를 출시했다. CJ ONE 신한카드 체크를 사용하면 CGV 영화 캐시백, 올리브영 결제금액 10% 캐시백, CJ ONE 포인트 5% 추가 적립, CJ몰 결제금액 5% 환급 등의 쇼핑 캐시백 혜택이 주어지며, 빕스·계절밥상·투썸플레이스·뚜레쥬르 등 CJ푸드빌 브랜드에서 결제할 때도 10% 캐시백 혜택을 제공받을 수 있다. 젊은층의 생활패턴을 면밀히 분석하여 다양한 포인트 적립과 캐시백 혜택을 맞춤형으로 제공한 덕분에 이 카드는 출시 4개월 만에 발매 20만 장을 돌파할 정도로 많은 인기를 끌고 있다.

'함께하는 아름다운 세상'을
만들어가는 신한카드

신한카드 아름人은 '아름다운 세상 아름다운 응원'이라는 슬로건을 내걸고 다양한 사회공헌활동을 펼치는 사회공헌 브랜드다. 아름人은 신한카드와 함께 사회공헌에 참여하는 모든 고객, 대학생, 시민, 기업을 통칭하며, 이들과 함께 '아름人'이라는 이름으로 아름다운 세상을 만들기 위한 사회공헌을 목표로 한다. 신한카드 기부 사이트의 인터넷 도메인이기도 한 '아름人ARUMIN'은 나눔을 실천하고자 하는 사회구성원과 도움을 필요로 하는 곳을 연결하는 허브 역할을 하고 있을 뿐 아니라 다양한 기부 콘텐츠를 소개하며 대한민국 나눔문화 정착에도 많은 기여를 하고 있다.

신한카드의 대표적인 사회공헌 프로그램으로는 '아름人 도서관'이 있다. 친환경 도서 환경과 양질의 아동·청소년 도서지원을 위해 개설한 아름人 도서관은 지난 2010년 서울 관악구 '참좋은지역아동센터'를 시작으로 전국의 지역아동센터, 복지관, 아동병원 등에 2017년까지 총 470개의 도서관과 총 57만 권의 도서를 지원했다. 2014년부터는 해외 어린이로 대상을 확대하여 베트남, 인도네시아, 미얀마에 아름人 도서관을 지원했으며, 2015년부터는 지역사회복지관으로 그 대상을 확장하여 아동뿐만 아니라 다양한 연령층도 이용 가능한 도서관으로 발전시켜왔다. 2017년에는 LG전자, 롯데면세점 등 신한카드 제휴사들과 협업하여 아름人 도서관을 공동으로 개관하고, 제휴사 임직원들과 함께 자원봉사활동에 나섰다.

신한카드는 금융권 최초로 기부전용 사이트인 '아름人^{arumin.shinhan-card.com}'도 개설했다. 아름人 사이트는 2005년 오픈한 이래 2018년 현재 27만여 명의 고객으로부터 53억 원의 누적 모금 실적을 달성했다. 2,200만 신한카드 고객이면 누구나 아름人 사이트에 가입된 150개 기부처 중에서 자유롭게 선택하여 포인트 또는 카드결제를 통해 기부할 수 있다. 한편 아름人 사이트가 국내 소액기부 문화를 선도할 정도로 영향력이 커지자 주요 사회복지단체와 다른 기업들도 적극적으로 벤치마킹에 나서고 있다.

신한카드는 봉사활동에서 사회 구성원의 참여도 활발히 유도하고 있다. 2007년에 출범한 '아름人 고객봉사단'은 고객들이 가족과 함께 참여하는 사회공헌 프로그램으로, 장애인·노인 등 소외계층을 지원하고 있다. 또한 2030봉사단인 '아름人 굿프렌즈'는 자기만족과 개인을 중시하는 2030세대에게 '나눔을 통한 소통'을 키워드로 시민교육과 자원봉사를 진행하며 공동체 속에서 '우리'가 함께하는 특별한 경험을 제공하고 있다. 그 밖에 독서코칭 활동인 '아름人 대학생 북멘토'에서는 아름人 도서관을 이용하는 아동을 대상으로 6개월간 올바른 독서습관을 길러주고 있으며, '아름人 해외봉사단'에서는 해외 저개발국 아동을 위한 위생교육과 학교 및 주택 지원 활동을 펼치고 있다.

앞으로도 '신한카드 아름人'은 다양한 이해관계자와의 연결과 확장을 통해 지속적으로 사회적 가치를 높여갈 계획이다. 아름人 도서관은 단순한 도서관 기능을 넘어, 지역사회 복합문화공간으로 진화할 수 있

신한카드 고객이 참여하여 봉사활동을 하는 아름人 고객봉사단

도록 콘텐츠를 강화하고, 제휴기업과의 공익마케팅 강화, 고객 참여활
동 확대 등을 통해 사회공헌 브랜드로서 아름人의 브랜드파워를 더욱
높여나갈 예정이다. 또한 신한금융그룹의 사회공헌 철학인 공존·공
감·공색을 기반으로 사회가 필요로 하지만 따뜻한 손길이 닿지 않는
구석을 찾아 진정성 있는 아름人 프로그램을 꾸준히 진행하여 신한카
드 혼자가 아닌 '함께하는 아름다운 세상'을 만들어나갈 것이다.

카드사를 넘어
디지털 회사로의 도약

신한카드는 을지로 신사옥으로 이전하면서, 완전히 새로운 회사로 변모하겠다는 의미를 담아 '제2의 창업 선포식'을 개최했다. 이 선포식에서는 카드회사를 넘어 국내 10대 디지털회사로 도약하기 위해 '자신을 뛰어넘는 혁신과 진화'를 의미하는 제2의 창업 키워드로 'Beyond X'를 제시했다. Beyond X는 지난 10년간 신한카드가 이루어낸 성과(X=로마자 10)와 현재 신한카드의 모든 것(X=everything), 불가능(X=impossible)을 뛰어넘자Beyond는 의미로 임직원 모두에게 전면적이고 전방위적인 변화와 혁신을 주문한 것이다.

신한카드의 모든 임직원들은 이러한 제2의 창업을 구현하기 위해 새로운 방식으로 틀을 깨는 '창의', 자기주도적으로 성과를 창출하는 '몰입', 구체적이고 계획적인 '강한 실행'의 1등 DNA를 기반으로, 마음가짐은 물론 일하는 방식까지 새롭게 바꿔 2,200만 고객과 함께 신한카드 미래 100년을 열기 위한 각오를 한층 더 다지고 있다.

캡슐커피의 신기원을 이룩한
24년 기술력의 결정체

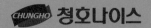

깨끗하고 건강한 물을 소비자에게 제공하는 것이 회사의 설립이념이었던 청호나이스는 탁월한 기술력을 바탕으로 한 걸음 앞서가는 제품을 출시해왔다. 그렇게 정수기 시장을 선도하던 청호나이스가 최고의 물이 곧 최고의 커피맛을 좌우한다는 사실에 주목하여 탄생시킨 제품이 바로 휘카페 시리즈다. 세계 최초로 얼음정수기와 캡슐커피머신을 접목한 휘카페는 우수한 편리성과 뛰어난 커피맛으로 출시 초기부터 소비자들의 호평을 받았다. 역삼투압 정수방식의 순수한 물에 이탈리아 정통 원두커피를 걸러낸 휘카페 덕분에 '맛있는 커피를 집에서 편하게 내가 원하는 대로' 즐길 수 있기 때문이었다. 특히 휘카페-IV 엣지는 정수기 24년, 얼음정수기 14년의 역사와 노력이 빚어낸 기술력의 결정체로 소비자의 마음을 한껏 사로잡고 있다.

정수기 시장을 넘어 종합 환경가전기업으로
도약하는 청호나이스

"만물의 근원은 물이다." 철학의 창시자로 일컬어지는 고대 그리스 철학자 탈레스의 말로, 그는 만물을 움직이는 원동력이 곧 물이라고 보았다. 자연 세계에서는 물이 곧 생명이라고 해도 과언이 아니다. 물이 없다면 생명 역시 존재할 수 없기 때문이다. 인체의 약 70~80%는 수분으로 구성되어 있다. 따라서 인간은 매일 1.5~2ℓ의 물을 마시며 꾸준히 수분을 섭취해야 한다. 물은 우리 체내에서 생산작용, 조절작용, 순환작용, 동화작용, 배설작용 등을 수행하며 매우 중요한 역할을 한다. "물이 곧 보약이다"라는 말이 있듯이 건강을 유지하는 데 물은 그만큼 소중한 것이다.

세계보건기구WHO에서 권장하는 성인 하루 물 섭취량은 1.5ℓ에서 2ℓ이다. 건강을 생각한다면 가장 먼저 충분한 물을 섭취하는 것이 중요하다. 그리고 다음으로는 어떤 물을 마시는지가 또 중요하다. 물에도 등급이 있기 때문이다. 당연히 질 좋은 물이 건강에 좋은 물이다. 이것이 바로 정수기 시장의 대표주자인 청호나이스의 설립배경이다. 오직 깨끗하고 건강한 물을 제공하고자 하는 일념으로 만들어진 회사이기 때문이다. 회사 설립 초창기에 청호나이스 정휘동 회장의 어머니는 "먹는 물로 장난치지 마라. 그 물은 결국 내가 마시고, 우리 이웃 모두가 마실 물이다"라고 당부했다. 그 후 이 말은 청호나이스의 오랜 역사에 한 획을 긋는 '정수기 철학'의 근간이 되었다.

맑은 호수를 의미하는 청호淸湖라는 기업명에서 알 수 있듯이 청호나이스의 설립이념은 소비자들에게 호수같이 깨끗하고 건강한 물을 제공하는 것이다. 청호나이스의 출발은 4층 빌딩의 맨 꼭대기층에서 라면으로 끼니를 때워가며 밤새워 연구하던 시절로 거슬러 올라간다. 비록 협소하고 불편한 4층 빌딩 꼭대기의 옥탑방이었지만 연구원들은 열정으로 똘똘 뭉쳐 있었다. 더욱이 그들 곁에는 공학박사이자 미국 수질협회로부터 수질 관련 자격 중 가장 높은 등급Certified Water Specialist-V, CWS-V을 취득한 자타공인 최고의 '물 전문가' 정휘동 회장이 있었다. 물질적으로나 정신적으로 힘겨운 상황이었지만 기술력만큼은 자신있던 그들은 '제대로 된 환경 제품을 만들어 세계 시장에 도전하고 국민건강에 이바지하겠다'는 강한 신념으로 그 시절 힘든 난관들을 헤쳐나갈 수 있었다.

청호나이스는 '최고의 제품이 곧 명품'이라는 목표를 가지고 1993년 회사 설립 이래 지금까지 남들보다 한 걸음 앞서가는 혁신적인 생활가전제품들을 출시하며 시장을 선도해왔다. '청호가 만들면 세계가 만든다'는 자부심과 뛰어난 기술력을 바탕으로 1995년에 반도체 냉정수기를, 2003년에 세계 최초 얼음정수기인 아이스콤보를 출시하여 세상의 이목을 끌었다. 2011년에는 세계 최초 초소형 얼음정수기인 카운터탑

형 '미니'를 시작으로, '쁘띠'와 '티니'를 연이어 출시하여 성공을 거두었고, 2014년에는 커피얼음정수기를 출시하여 또다시 세상을 떠들썩하게 만들었다. 세계 최초 커피얼음정수기인 '휘카페'는 얼음정수기와 캡슐커피머신을 융합한 혁신적인 제품으로 단계별 진화를 거듭한 끝에 최근 '휘카페-IV 엣지'를 출시하기에 이르렀다.

이와 같이 혁신적인 기술로 정수기 시장을 선도해온 청호나이스는 공기청정기 · 제습기 · 연수기 · 세정기 · 제빙기는 물론, 화장품까지 취급하는 종합 환경가전기업으로 사업영역을 점점 넓혀가고 있다. 또한 매년 매출액의 7%를 아낌없이 연구개발에 투자하면서 탁월한 기술력을 바탕으로 나날이 성장을 거듭하고 있다.

최고의 커피맛을 위한
좋은 물과 고품질 커피캡슐

2017년 국내 커피 시장 규모는 약 11조7,379억 원으로 사상 처음 10조 원을 돌파했다. 3조 원대였던 10년 전에 비해 3배 이상 시장 규모가 커진 것이다. 전체 국민이 1년 동안 마신 커피를 잔 수로 따지면 약 265억 잔으로 국민 1인당 연평균 512잔을 마신 셈이다. 2007년에 국민이 마신 총 커피잔 수가 204억 잔이었던 점을 감안하면 10년 만에 30% 증가한 수치다. 한편 전체 커피 시장의 증가와 함께 소비자들의 입맛 역시 고급화되면서 각자의 선호도에 따라 가지각색의 다양한 제품이 연이어 출시되고 있다. 커피 시장은 가격보다 개별적인 취향이 더 중요한 특징을 가지고 있기 때문이다.

일반적으로 커피를 즐기는 사람들은 커피의 신선도, 품종, 로스팅, 블랜딩 등이 커피맛을 좌우한다고 생각한다. 하지만 커피를 내리기 위해 반드시 필요한 물은 그다지 중요하게 생각하지 않는다. 최고의 커피맛을 이끌어내기 위해 무엇보다 중요한 것이 바로 물임에도 불구하고 그 사실을 간과하고 있는 것이다. 실제로 물에 함유된 성분은 커피맛에 많은 영향을 끼친다. 칼슘과 마그네슘 함유량이 높은 경수로 커피를 끓이면 맛이 탁해지고 쓴맛이 나며 크레마도 감소한다. 그리고 물속에 잔류염소 성분이 존재할 경우에는 커피의 향미 성분을 산화시켜 커피 고유의 향을 잃게 한다. 그렇다고 잔류염소 제거를 위해 물을 끓이면 향미 성분이 파괴되어 자극적이고 쓴맛이 강하게 나타난다.

따라서 물속의 경도 성분과 잔류염소를 제거한 역삼투압 정수기 물을 사용하면 커피의 쓴맛을 적게 하는 반면, 원두 본래의 맛과 향, 부드러움을 끌어낼 수 있다. 청호나이스가 커피정수기를 출시하기로 마음먹은 결정적인 이유가 바로 이것이다. 청호나이스 관계자는 "청호나이스는 늘 내부적으로 전에 없던 새로운 제품을 만들려는 욕구가 있는 회사다. 그리고 모두가 로스팅과 원두에 집중할 때, '깨끗한 물'로 소비자에게 만족을 주고 싶었다"라고 설명했다. 덕분에 청호나이스는 역삼투압 정수기 물을 사용하여 이탈리아 캡슐커피를 바로 추출해냄으로써 고객에게 커피 전문점에 결코 뒤지지 않는 고품질 커피를 제공할 수 있었다.

최근 몇 년 동안 국내 캡슐커피 시장은 가파른 성장세를 보였다. 믹스커피나 인스턴트커피 같은 '봉지커피' 시장이 위축되는 대신 프리미엄 커피인 캡슐커피의 수요가 그 시장을 빠른 속도로 대체하고 있기 때문이다. 커피 전문점에서 파는 원두커피에 익숙해진 소비자들은 갈수록 카페의 커피맛과 비슷한 캡슐커피를 선호하는 경향을 보이고 있다. 프리미엄급의 맛과 편의성, 그리고 스타일을 동시에 추구하는 소비자 트렌드가 형성되고 있는 것이다. 특히 캡슐을 커피머신에 넣기만 하면 커피 전문점과 같은 수준의 커피를 편하게 마실 수 있는 캡슐커피 수요는 20~30대 여성들을 중심으로 계속해서 증가하고 있다.

이러한 캡슐커피 시장 상황 속에서 청호나이스는 우수한 기술력을 바탕으로 '물'에 주목하면서 경쟁업체들과의 차별화를 꾀했다. 커피 한 잔에서 물이 차지하는 비중은 75~80%인데, 그 성분과 관리에 유의하면 커피의 깊은 맛을 이끌어낼 수 있다. 청호나이스는 주력기술인 역삼투압 정수방식으로 경도 성분과 잔류염소를 제거함으로써 원두 본래의 맛과 향을 극대화했다. 또한 국내외 최고로 손꼽히는 바리스타들의 자문을 얻어 커피와 물의 황금비율을 찾아냈다. 조사 결과, 일반적으로 캡슐에서 추출되는 에스프레소의 양은 35~40㎖이며, 물의 양이 80㎖일 때 커피맛이 가장 좋은 것으로 나타났다. 그래서 청호나이스는 커피를 내릴 때 필요한 물의 적정량을 80㎖로 설정했다.

청호나이스가 물과 함께 세심하게 신경을 쓴 부분은 커피 원재료의 품질이었다. 청호나이스는 최고의 커피맛을 위해 이탈리아산 커피 캡슐을 선택했다. 이탈리아 커피 마니아가 즐겨 찾는 고급 브랜드인

새롭게 출시된 휘카페 캡슐 3종 '아르떼', '펄', '디카페나토'

'ESPRESSO ITALIA'의 커피캡슐은 국내에서 고가에 판매되고 있다. 그러나 청호나이스는 가격에 대한 고객의 부담을 최소화기 위해 캡슐 커피 비용을 낮춰 개당 650원부터 제품을 공급하고 있다. 현재 휘카페 커피캡슐은 기존의 5종(아라비카 100%, 모닝, 런치, 프렌치바닐라, 잉글리쉬티)에 새롭게 출시한 아르떼, 펄, 디카페나토 등 3종을 추가하여 총 8종을 시판하고 있다.

24년 기술력의 결정체로 탄생한
휘카페-IV 엣지

2014년 7월, 세계 최초 커피정수기 휘카페 시리즈가 5년에 걸친 각고의 연구개발 끝에 세상에 첫선을 보였다. 캡슐커피머신과 정수기를 접목한 청호나이스의 과감한 도전은 성공적이었다. 첫 출시 직후부터 제품의 편리성, 위생성과 뛰어난 커피맛으로 소비자들로부터 높은 호응을 얻었기 때문이다. 그리고 이에 힘입어 기능이 향상된 제품들이 잇달아 출시되었다. 지금까지 휘카페, 휘카페 티니, 휘카페Ⅱ, 휘카페-Ⅳ 엣지, 휘카페 뉴700, 휘카페 550 등 6종이 출시된 휘카페 시리즈는 2014년 7월 출시 이후 지금까지 누적판매 8만 대를 돌파하며 청호나이스의 주력제품으로 입지를 굳히고 있다.

2014년에 처음 출시된 휘카페는 기존의 정수·냉수·온수·얼음에 더하여 에스프레소 커피 추출 기능을 추가함으로써 세계 최초로 얼음정수기와 캡슐커피머신을 결합한 혁신적인 제품이다. 역삼투압 정수방식으로 만들어낸 순수한 물에 이탈리아 정통 원두커피를 바로 추출하여 커피 본연의 맛과 향을 살려낸 것이 이 제품 고유의 특장점이다. 그리고 이것이 휘카페 후속 시리즈 출시의 원동력이 되었다.

2014년 9월에는 청호나이스의 베스트셀러 정수기 '티니' 시리즈의 고급스러운 디자인을 그대로 적용한 휘카페 티니가 출시되었다. 얼음정수 기능 없이 냉수·온수 기능과 에스프레소 커피 기능만 있어 커피추출 기능이 강점인 제품이다. 기존의 티니 얼음정수기에서 얼음 기능을 빼는 대신 캡슐커피 기능을 추가하는 방식으로, 커피를 즐기는 젊은층 고객들로부터 호평을 받았다.

2015년 3월에는 물과 얼음 사용량이 많은 업소 관계자의 니즈를 반영한 휘카페Ⅱ가 출시되었다. '휘카페' 대비 정수와 얼음 용량이 3배나 커졌으며 커피 추출 상태를 한눈에 볼 수 있는 LED 화면도 장착되었다. 또한 기존의 에스프레소와 아메리카노에 소프트 아메리카노를 더해, 추출 가능한 커피의 종류도 3종으로 늘어났다.

2015년 7월에는 온수방식과 사용자 편의를 크게 향상시킨 기술력의 결정판 휘카페-IV 엣지가 출시되었다. 가로 29cm, 세로 52cm, 높이 47cm의 카운터탑 초소형 사이즈임에도 불구하고, 에스프레소·아메리카노·차뿐 아니라 얼음·냉수·정수·온수를 모두 제공하여 사용자의 취향에 맞게 커피와 음료를 즐길 수 있는 제품이다. 특히 물이 끓기 직전인 90℃의 최적 온도와 18bar의 최적 압력으로 30초간 추출하여 크레마가 풍부하고 잡미 없는 에스프레소의 깊은 맛을 잘 살려냈다. 디자인 또한 A4 용지보다 작은 카운터탑 초소형 사이즈에 밝고 선명하게 보이는 LED 창을 적용하여 아담하고 깔끔한 고품격 인테리어 가전 이미지를 갖추었다. 덕분에 2016년 기준 전체 휘카페 시리즈 가운데 판매량이 60% 이상을 차지할 정도로 소비자들의 마음을 사로잡을 수 있었다.

휘카페-IV 엣지의 기능별 용량은 정수 2.4ℓ, 냉수 1.6ℓ, 온수 0.57ℓ, 얼음 0.52kg이다. 청호나이스에서 가장 많이 판매되고 있는 티니 얼음정수기와 비교하면 냉수와 얼음 용량은 커졌고 기능적으로 에스프레소 커피 추출까지 가능해졌다. 여기에 하나의 증발기로 제빙과 냉수가 동시에 가능한 특허 받은 제빙기술로 전기요금 부담 없이 얼음정수기를 사용할 수 있다. 또한 노즐분사방식을 적용하여 튤립꽃 모양의 투명하고 깨끗한 얼음을 얻을 수 있다.

휘카페-IV 엣지는 온수방식도 소비자 마음대로 조절할 수 있다. 정수기 특성상 일단 정수기를 가동하면 24시간 내내 전기를 틀어놓을 수밖에 없다. 따라서 정수기에서 전력을 가장 많이 소비하는 부분은 온수인데, 휘카페-IV 엣지는 하이브리드 온수 시스템을 적용하여 사용자의 전기요금 부담을 덜어준다. 에너지 절감 효과가 큰 예열온수방식과 사용하기 편한 저탕식을 모두 적용하여 사용자 필요에 맞는 온수 설정이 가능하다.

사용자의 편의를 고려한 휘카페-IV 엣지만의 세심한 배려는 여기에 그치지 않는다. 기존의 휘카페 시리즈와 달리 소비자의 안전과 위생을 고려한 기능까지 추가했기 때문이다. 먼저 안전과 관련하여 제품에 이상현상이 발생하면 컨트롤러와 센서가 이를 검출하여 LED 표시부의 점멸로 즉시 그 사실을 알려주는 기능이 있다. 그러면 정수·냉수·온수·제빙 기능이 자동으로 정지되어 사고 발생을 미연에 방지할 수 있다. 다음으로 얼음을 뱉어내는 토출구에 새롭게 설치된 토출캡은 위생을 고려한 기능이다. 얼음 토출 시에 커피나 물 등의 음료가 토출구 안쪽으로 튀지 않게 하기 때문이다. 소비자들은 이러한 기능들을 통해 휘카페-IV 엣지가 기능성과 디자인은 물론, 안전과 위생까지 세심히 신경 쓴 제품임을 피부로 느낄 수 있다.

제품 자체의 우수성을 알리는 마케팅과
현장중심경영의 고객서비스

청호나이스는 흔히 스타 모델을 전면에 내세워 홍보하는 경쟁업체들과 달리 '제품' 자체의 특징점을 살린 마케팅을 진행하고 있다. 타사 제품을 압도하는 탁월한 기술력에 대한 자부심이 있기에 이를 아예 전략적인 수단으로 선택한 것이다. 청호나이스는 이러한 홍보전략을 바탕으로, 특히 생활가전업계에서 가장 우수하다는 평가를 받고 있는 제품들을 고객들이 직접 체험할 수 있도록 다양한 마케팅에 적극 나서고 있다.

2017년 여름에 청호나이스는 '매일매일 즐기는 다양한 청호나이스'라는 의미가 담긴 '에브리데이 나이스' 고객체험 이벤트를 진행했다. 고객들이 청호나이스 제품들을 직접 사용하고 시음해볼 수 있을 뿐 아니라, 커피얼음정수기를 활용한 바리스타의 시연이나 방문객 참여 이벤트 등 다채로운 프로그램도 함께 즐길 수 있는 행사였다. 청호나이스는 향후에도 소비자가 직접 제품을 체험해볼 수 있도록 다양한 오프라인 이벤트를 진행할 계획이다. 홍보효과 측면에서 이러한 고객체험 이벤트가 효자 노릇을 톡톡히 하고 있기 때문이다.

같은 시기에 청호나이스는 휘카페-IV 엣지를 광고제품으로 선정한 광고캠페인도 진행했다. 카운터탑 초소형 커피얼음정수기로 정수·냉수·온수·얼음은 물론, 에스프레소 커피까지 가능한 뛰어난 기능성을 설명하는 동시에, '당신에게만 있고 남들에겐 없는 것', '콧대 높은 물한 모금', '보석 같은 얼음 한 조각', '도도한 커피 한 잔' 등과 같은 카피로 휘카페-IV 엣지만의 차별화된 우수성을 강조한 광고캠페인이다. 특히 눈길을 끄는 부분은 유명 연예인을 앞세우는 일반적인 광고패턴 대신 제품의 특장점에 집중하여 휘카페-IV 엣지 본연의 우수성을 알리고 있다는 것이다. 제품에 대한 남다른 신뢰와 자부심을 소비자에게 고스란히 전달하고자 하는 의도가 담긴 광고였다. 청호나이스 관계자는 "휘카페-IV 엣지가 갖고 있는 제품의 차별적 우위를 최대한 광고적으로 표현해보고자 했다"고 자신 있게 말했다.

정수기, 공기청정기, 제습기 등과 같은 생활가전 제품들은 정기적 필터 관리처럼 구매 후에도 사후관리 서비스가 필수적이다. 여기서 청호나이스는 현장중심경영을 바탕으로 합리적인 가격과 편리함을 고려한 한 차원 높은 프리미엄 서비스를 제공하고 있다. 대표적 사례로 고객서비스 강화를 위해 2013년에 발족시킨 '서비스평가단'이 있다. 청호나이스는 이 서비스 평가단을 중심으로 지역 거점 추가 확보, 지시서 처리율 향상, 미방문·재방문 근절 등과 같은 서비스 품질 개선활동을 진행하며 각종 서비스 처리 지표에서 높은 성과를 이뤄냈다.

특히 2016년 6월부터는 전국 서비스 취약 지역에 대한 거점 확보와 인원 확충 등을 위해 지역장 제도를 도입하여, 2017년 현재 전국 지역장 10명이 영월, 진안, 거창 등에서 서비스 강화 활동을 진행하고 있다. 아울러 전문제품 관리 및 서비스를 전담하는 플래너 조직도 대폭 확충하여 고객의 다양한 요구에 적절히 대응하는 고객서비스 강화에 더욱 박차를 가할 계획이다.

청호나이스는 연구개발부터 사후관리까지 100% 직영관리 시스템

청호나이스 엔지니어는 제품 A/S, 제품 정기방문, 고객 상담 등 청호
나이스의 모든 서비스를 실행하는 청호나이스의 얼굴이다.

을 통한 안심서비스를 제공하고 있다. 그리고 이 같은 노력의 결실로
공정거래위원회가 인증하고 한국소비자원이 운영하는 소비자중심경
영 인증CCM을 2013년과 2015년 연속으로 획득하는 성과를 이뤄냈
다. 이석호 청호나이스 대표이사는 "고객이 믿고 사용할 수 있는 최고
의 제품이 최고의 고객만족이라는 신념으로 회사를 경영하고 있다"며
"앞으로도 기술력을 바탕으로 '청호나이스 제품은 믿고 사용할 수 있
다'는 신뢰를 쌓겠다"고 단언했다.

새로운 트렌드의 선두주자로
국내를 넘어 글로벌 기업으로

지난 26년간 얼음정수기, 커피정수기, 와인셀러 정수기, 폭포청정기
등 혁신적인 제품들을 세계 최초로 출시한 청호나이스는 생활가전업계
에 새로운 패러다임과 트렌드를 제시하면서 시장을 선도해왔다. 그리

고 이와 동시에 국내는 물론 전 세계를 무대로 사업 활동 영역을 점점 넓혀가고 있다. 초창기인 1994년부터 미국과 일본, 동남아 등지에 제품을 수출하는 것을 시작으로 현재는 세계 40여 개국에 제품을 수출하며 해외 시장을 개척하고 있다. 특히 2006년 12월에는 중국 최대 가전업체인 메이디그룹과 정수기 및 필터 생산 판매와 관련한 합작법인을 설립했으며, 2007년 1월에는 중국 광둥성에 '불산시미디어 청호정수설비제조 유한공사'를 세워 중국 현지 소비자의 기호에 맞는 정수기 생산에 박차를 가하고 있다. 아울러 수출 확대를 도모하고자 해외 경험이 많은 인재 중심으로 '글로벌 전략팀'도 신설했다. 그리고 이러한 노력에 힘입어 2018년에는 산업통상자원부의 '수출도약 중견기업 육성사업' 지원대상 20개 기업에 신규 선정되는 결실을 거두었다. 잠재력을 갖춘 유망 중견기업의 해외 마케팅을 지원하는 이 사업을 발판으로 청호나이스는 해외 시장 개척에 더욱 힘을 쏟을 계획이다.

이처럼 국내를 넘어서서 글로벌 기업으로 성장하고 있는 청호나이스는 인간존중과 고객우선이라는 기업이념, 그리고 고객가치와 환경가치를 추구하는 비전을 가지고 기업경영에 힘쓰고 있다. 언제나 고객에게 다가가 고객의 니즈를 분석하여 고객이 진정으로 원하는 제품을 만들어내고자 최선을 다하는 것이다. 현재 청호나이스는 매년 연구개발과 신기술에 과감한 투자를 아끼지 않으면서 글로벌 시장을 향해 한걸음씩 앞으로 나아가고 있다. 특히 부단한 노력의 결실로 이뤄낸 휘카페 시리즈의 결정판, 휘카페-IV 엣지는 청호나이스의 새로운 도약을 위한 디딤돌로서 그 역할을 톡톡히 해내고 있다.

초슬림 담배 시장의
'World Class No.1'

1996년에 출시된 ESSE에쎄는 지난 2004년부터 국내 담배 시장에서 부동의 판매 1위를 지켜왔다. ESSE의 성공비결은 체계적인 브랜드 관리 시스템 구축과 소비자 니즈에 맞는 브랜드 확장이다. 소비자의 니즈를 반영한 'ESSE 라이트/원/필드', 대나무 참숯 기술을 적용한 'ESSE 순', 세계 최초로 초슬림 제품에 캡슐을 적용한 'ESSE 체인지' 등과 함께 'ESSE 로열 팰리스', 'ESSE 스페셜 골드 오션' 등의 프리미엄 브랜드를 순차적으로 출시했다. 또한 궐련형 전자담배 '릴ⅲ'의 출시로 전자담배 시장에 본격적으로 진출했으며, 전 세계 50여 개국 수출을 통해 글로벌 브랜드로서의 입지를 공고히 하고 있다.

부동의 판매 1위로 지켜낸
독보적인 브랜드파워

1988년 국내 담배 시장 개방 이후, 국내 담배 산업은 이른바 글로벌 빅3 PM, BAT, JTI의 공격적 마케팅으로 치열한 경쟁구도가 펼쳐지고 있다. 그러나 이러한 시장 변화에도 불구하고 변함없이 독보적인 브랜드파워를 유지하고 있는 대한민국 대표 브랜드가 있다. 다름 아닌 KT&G의 ESSE(에쎄)다.

ESSE는 삶의 본질, 정수, 진수를 의미하는 영어 단어 'Essence'를 모티브로 이름을 붙였지만 이탈리아어로 '그녀들'을 뜻하는 3인칭 복수 여성 대명사이기도 하다. 애초에 KT&G가 브랜드명을 ESSE로 정한 것은 '그녀들'의 의미에 걸맞게 주고객층으로 여성 흡연자를 겨냥했기 때문이다.

1990년대 중반 한국 사회의 주요한 특징은 개인의 개성과 취향을 강조하는 젊은이들이 부각되기 시작했다는 것이다. 소위 말하는 'X세대'가 그들이다. X세대는 이전 세대와 달리 산업화의 수혜를 받아 경제적인 풍요 속에서 성장했으며, 특히 남녀평등에 민감했다. 이러한 상황에서 KT&G는 젊은 여성 흡연자에 주목했다. 국내에는 아직 여성을 타깃으로 한 담배가 없었지만, KT&G는 미국과 유럽에서 여성 흡연자들의 성장세를 보고 국내에서도 여성 흡연자가 증가할 것으로 예상하고 제품 개발에 착수했다. 그렇게 해서 탄생한 제품이 바로 'ESSE'였다. KT&G는 개인의 취향을 중시하는 X세대 젊은이들이 기존의 궐련 담배보다 얇은 ESSE에 호감을 느낄 것으로 예상했다. 하지만 출시 초반에는 고전을 면치 못했다. 기존 담배보다 얇은 ESSE가 담배 본연의 맛을 내지 못한다는 이미지를 심어주었을 뿐 아니라 여성 담배라는 인식에 남성 흡연자들이 기피했기 때문이다.

그러다가 IMF 외환위기를 넘긴 후 웰빙 열풍과 함께 40대 남성 흡연자들이 건강을 챙기기 시작하면서 ESSE 매출은 성장세로 돌아섰다. ESSE는 원래 여성과 젊은층을 대상으로 개발되었지만 건강에 덜 해로운 담배로 인식되면서 40대 남성 흡연자들이 대거 ESSE로 전향한 덕분이었다. 와이셔츠 주머니에 넣어도 티가 나지 않는 슬림한 형태도 중년 직장인들의 호응을 얻는 데 한몫했다. 그 이후 ESSE는 'IMF 담배', '상사가 부하 직원에게 권하는 담배'로 입소문을 타면서 유명 브랜드로 자리 잡기 시작했다.

KT&G는 이러한 변화에 발빠르게 대응하여 2001년부터 체계적인 브랜드 관리 시스템을 구축했다. 동시에 ESSE의 주요 고객층을 35~45세 남성으로 새롭게 정의하고, ESSE의 종류를 다양화하는 브랜드 확장에 나섰다.

1996년 11월 1일에 출시된 ESSE는 지난 2004년부터 13년 동안 국내 담배 시장에서 부동의 판매 1위를 지켜왔다. 2017년 기준으로 국내 담배 시장의 약 28.4%, 국내 초슬림 담배 시장의 약 81%를 점유하여 국내 대표 브랜드로 우뚝 섰다. 뿐만 아니라 프랑스, 이탈리아 등 전 세계 50여 개국 수출을 통해 해외 시장에서도 브랜드 위상을 높이고 있다. 특히 초슬림 담배 카테고리에서는 세계 판매 1위를 기록하는 글로벌 브랜드로 확고히 입지를 굳히고 있다.

소비자 니즈에 맞는
브랜드 확장

ESSE가 장기간에 걸쳐 인기를 끌 수 있었던 것은 '체계적인 브랜드 관리 시스템 구축과 소비자 니즈에 맞는 브랜드 확장'이 있었기 때문이다.

1996년에 ESSE는 20~30대 젊은층을 목표 고객으로 니치시장(틈새 시장)을 염두에 두고 출시되었고, 시장점유율도 1% 수준에 불과했다. 그러나 처음 예상과 달리 세련된 멋과 감성을 중시하는 40대 남성 흡연자들이 ESSE를 찾기 시작했고, 또 그것이 도약의 발판이 되었다. 이러한 트렌드 변화를 감지한 KT&G는 체계적인 브랜드 관리와 함께 본격적인 브랜드 확장에 나섰다.

2002년부터 2004년까지 KT&G는 건강을 염려하는 소비자의 니즈에 부응하여 타르 함량을 낮춘 'ESSE 라이트/원/필드'를 잇따라 출시했다. 건강을 지향하는 트렌드를 반영해 더욱 순하고 부드러운 담배 선택의 폭을 넓혀주는 동시에 ESSE가 가지고 있는 브랜드 자산 가치를 강화한 새로운 제품 라인이었다.

2006년에는 대나무 참숯 필터 기술을 적용한 'ESSE 순純'이 출시되었다. ESSE 순은 일반적인 담배와 달리 자연친화적인 소재를 접목해 담배 시장에 새로운 패러다임을 만들어낸 브랜드다. '우리 땅에서 자란 우리 대나무 숯'을 직용한 최초의 브랜드인 ESSE 순은 출시 8일 만에 1000만 갑을 판매하는 기염을 토했으며, 단일 브랜드로 8% 시장 점유율을 차지하는 빅브랜드로 자리매김했다.

2007년부터 KT&G는 고급 이미지를 원하는 소비자를 위해 'ESSE 스페셜골드ESSE Special Gold', 'ESSE 골든리프ESSE Golden Leaf' 등 프리미엄 제품들을 출시해 고가 담배 시장에 뛰어들었다. 특히 한정 판매되었던 ESSE 스페셜 에디션은 품귀현상을 일으킬 정도로 시장에 큰 반향을 불러일으켰다. 또한 자신만의 스타일을 추구하는 젊은층을 겨냥한 'ESSE 엣지ESSE EDGE'와 'ESSE 센스ESSE SENSE'도 차례로 출시되었다. 특히 국내 최초로 '에어그립 필터'를 장착한 초슬림 담배인 ESSE 센스는 필터 끝부분에 공간을 둬 깔끔한 흡연이 가능했다.

2013년에는 세계 최초로 초슬림 제품에 캡슐을 적용한 브랜드인 'ESSE 체인지ESSE CHANGE'를 출시해 기존 40대 위주의 고객층을 20~30대까지 확대했다. ESSE 체인지는 흡연 도중 소비자가 원하는 시점에 캡슐을 터뜨리면 'ESSE' 특유의 깔끔한 맛이 상쾌한 맛으로 변해, 한 개비에서 두 가지 맛을 즐길 수 있는 것이 특징이다. 레귤러(일반 굵기) 타입 담배를 선호하던 20~30대 사이에서 슬림 담배가 점점 인기를 끌기 시작하자 2013년에 'ESSE 체인지 1mg' 출시 이후 'ESSE

체인지 4mg', 'ESSE 체인지 W', 'ESSE 체인지 UP'에 이어 2017년에는 기존 초슬림보다 더 얇은 마이크로슬림MicroSlim 타입의 'ESSE 체인지 린', 2018년에는 더욱 상쾌한 맛을 느낄 수 있는 'ESSE 체인지 빙'까지 ESSE 체인지 시리즈가 연속으로 출시되었다. 그 결과, ESSE 체인지의 시장점유율은 9%(2018년 2월 기준)까지 성장했으며, 국내 누적 판매량도 190억 개비를 돌파하여 지난 5년간 출시된 신제품 중 같은 기간에 가장 높은 판매량을 기록했다. 전체 담배 시장에서 ESSE가 차지하는 시장점유율 역시 지난 2001년 11%에서 2017년 28.4%로 괄목할 만한 성장세를 보였다.

ESSE의 다양한
프리미엄 제품 출시

KT&G는 단순히 브랜드 확장에만 신경 쓴 것이 아니라 한층 업그레이드된 다양한 제품 라인 출시에도 많은 공을 들였다.

2016년에 KT&G는 ESSE 출시 20주년을 기념하기 위해 프리미엄 브랜드 'ESSE 로열팰리스ESSE Royal Palace'를 출시했다. ESSE 로열팰리스는 소매점에서 보통 한 갑에 4,500원에 팔리는 일반 담배보다 2배 이상 비싼 1만 원에 팔리고 있다. 높은 가격을 책정한 까닭은 원료 자체가 일반 담배와 다르기 때문이다. ESSE 로열팰리스에는 조선 임금 정조가 즐겨 피웠다는 조선시대 최고급 담뱃잎 '서초西草'가 함유되어 있다. 개발 과정도 남다르다. 서초의 어린잎이 자라는 시기부터 조선시대 궁중음악을 들려주며 키우는 농법을 국내 최초로 적용했으며, 부드럽고 깔끔한 맛을 구현하기 위해 강원도 오대산에서 자란 참나무 활성숯을 이용하여 필터를 만들었다. 패키지 역시 프리미엄 제품답게 고급스럽게 제작했다. 전면에는 임금이 입던 정복인 '곤룡포'의 금색 용무늬 문양을 새겨 왕의 상징을 형상화했으며, 후면에는 조선시대 건축의 백미로 꼽히는 '수원 화성'의 이미지를 적용했다. 원래 영·호남 지역에 한정 출시되었지만 시장에서 기대 이상의 뜨거운 반응을 얻자 2018년 1월부터 전국으로 확대 출시되기 시작했다.

2018년 10월에는 ESSE 로열팰리스의 후속으로 국산 잎담배를 활용한 프리미엄 브랜드 'ESSE 스페셜 골드 오션ESSE Special Gold Ocean'이 출시되었다. ESSE의 스페셜 골드 시리즈의 네 번째 제품인 ESSE 스페셜 골드 오션은 남해와 인접한 농촌 지역에서 해풍을 맞고 자란 담뱃잎으로 만든 프리미엄 제품이다. 차별화된 고급스러운 풍미에 블루 컬러 패키지로 깨끗한 이미지를 더한 점이 특징이다.

2017년에 KT&G는 국내에서 판매 중인 담배 가운데 궐련 두께가 가장 얇은 마이크로슬림 담배인 'ESSE 체인지 린ESSE CHANGE LiNN'을 선보였다. ESSE 체인지 린은 KT&G가 보유한 최신 슈퍼슬림 담배 제조 기술과 노하우가 집약된 결정체로 연구개발에만 5년이 걸린 고품질 제품이다. ESSE 체인지 린은 슈퍼슬림 담배인 기존 ESSE보다 궐련 두께가 약 0.7㎜ 더 얇은 마이크로슬림 담배다. 궐련 두께가 가장 얇은 마이크로슬림 제품은 궐련 두께로 구분하는 기준에 따라 레귤러와

슬림, 슈퍼슬림에 이은 4세대 담배로 불린다. ESSE 체인지 린은 기존 ESSE 체인지의 시원한 맛을 구현하는 동시에 ESSE만의 깔끔한 맛을 더욱 강조한 것이 특징이다. 또한 '린LiNN'이라는 명칭을 통해 '선Line' 처럼 얇다는 의미를 감각적으로 표현했으며, 파란색 물결의 동심원 패턴에 그러데이션이 더해진 패키지로 산뜻한 이미지를 형상화했다.

2018년에는 깔끔함이 돋보였던 기존 ESSE 체인지와 달리 신선하고 색다른 시원함이 특징인 'ESSE 체인지 빙ESSE Change Bing'이 출시되었다. 하늘색 바탕에 앞뒤면 모두 방사형 그러데이션을 적용한 패키지는 은은하게 퍼져나가는 시원함을 감각적으로 표현했다. 또한 팬톤 PANTONE이 2018년 '올해의 컬러'로 선정한 울트라 바이올렛으로 심볼과 로고를 입혀 ESSE 체인지 빙만의 트렌디함을 강조했다.

2013년 6월에 첫선을 보인 KT&G의 ESSE 체인지 시리즈는 2018년 1월 기준으로 누적 판매량 186억 개비를 넘기는 고공행진을 계속하고 있다. 특히 최근에는 국내는 물론 러시아, 몽골, 인도네시아 등 해외에서도 선풍적인 인기를 끌면서 판매량이 급증하고 있다.

궐련형 전자담배 시장에 뛰어든 KT&G

2017년에 KT&G는 '릴lil'을 출시하면서 궐련형 전자담배 시장에 본격적으로 뛰어들었다. 필립모리스(아이코스), BAT(글로) 등 외국계 업체들이 먼저 진출한 궐련형 전자담배 시장에 국내업체가 도전장을 내민 것이다.

릴ᴵᴵᴵ은 'a little is a lot'의 약어로 담배 냄새와 연기 등은 줄이면서도, 소비자를 만족시킬 많은 장점이 있다는 의미를 가지고 있다. 색상은 '크리미 화이트'와 '사파이어 블루' 등 2종으로 출시되었다. 휴대와 관리가 간편한 일체형 구조인 릴은 손안에 쏙 잡히는 작은 크기와 90g의 가벼운 무게로 휴대성을 높였으며, 한 번 충전으로 20개비 이상 사용할 수 있다. 이러한 장점 덕분에 출시 100여 일 만에 20만 대, 5개월 만에 40만 대 판매를 돌파할 정도로 큰 인기를 끌었다. 릴의 전용 스틱 '핏Fiit'은 '핏 체인지Fiit CHANGE'와 '핏 체인지 업Fiit CHANGE UP' 2종이 출시되었다.

2018년 5월에는 기존 궐련형 전자담배인 릴의 기능과 편의성을 개선한 '릴 플러스ᴵᴵᴵ Plus+'가 출시되었다. 릴 플러스에는 히팅 및 청소 기능 등이 추가됐다. 우선 듀얼히팅 기술을 적용해 전용 스틱에 열이 닿는 면적을 넓혀, 전용 스틱을 골고루 가열하여 끝까지 부드럽고 균일한 흡연감을 구현했다. 또 청소에 불편함을 느낀 소비자 의견을 반영해 히터에 점착된 잔여물을 깨끗하게 제거해주는 '화이트닝 클린' 시스템을 장착했다.

릴 플러스의 외관은 '소프트 코팅'을 적용해 부드럽고 섬세한 그립감을 구현했다. 전원부 버튼에는 기기 작동 시에만 은은하게 빛이 나는 '히든 LED'를 채택했으며, 테두리는 '메탈 프레임'으로 감싸 세련된 감성을 느낄 수 있게 했다. 무게도 84g으로 기존의 릴 제품(90g)보다 조금 가벼워졌으며, 색상은 기존 화이트와 블루에 '다크 네이비'를 추가하여 총 3종으로 출시되었다.

2018년 11월에는 새로운 개념의 궐련형 전자담배 '릴 하이브리드ⅢHYBRID'가 출시되었다. 릴 하이브리드는 디바이스에 액상 카트리지를 결합하여 사용한다는 점에서 기존 가열식 전자담배와 큰 차이가 있다. 액상 카트리지를 디바이스에 결합한 후 전용 스틱을 삽입하여 작동시키면 액상이 가열되어 발생하는 증기가 스틱을 통과하면서 흡연이 가능한 방식이다. 그 결과, 기존 가열식 전자담배에 비해 연무량은 향상된 반면 특유의 찐맛은 줄어들었다. 또한 전용 스틱을 삽입하는 끝부분이 'Y'자 형태의 구조로 설계돼 담뱃잎 잔여물이 기기 내부로 빠지는 것을 방지했다. 덕분에 디바이스 청소가 한결 더 쉬워졌다.

릴 하이브리드는 소비자 사용의 편의성을 극대화할 수 있는 일체형 구조이며 3회 연속흡연이 가능하다. 색상은 '미드나이트 블랙'과 '로즈골드' 2종으로 출시되었으며, 외관은 광택이 나는 메탈 재질감으로 고급스러움을 강조했다. 전용 스틱인 '믹스MIX'는 풍부한 맛의 '믹스 프레쏘MIIX PRESSO', 두 가지 맛의 '믹스 믹스MIIX MIX', 시원한 맛의 '믹스 아이스MIIX ICE' 등 총 세 가지 종류가 있다. KT&G는 릴 하이브리드가 종전 전자담배의 단점을 거의 완벽하게 보완한 신개념 제품으로, 궐련형 전자담배의 패러다임을 바꿀 것으로 자신하고 있다.

ESSE를 발판으로
글로벌 시장 진출

KT&G는 러시아와 중동 등 해외 시장을 적극 공략해 해외 매출만 연간 1조 원이 넘는 규모로 성장했다. 특히 KT&G의 대표 브랜드인 ESSE는 현재 전 세계 50여 개국 수출을 통해 글로벌 브랜드로 입지를 굳히고 있다. 2001년 중동과 러시아에 처음으로 수출한 ESSE는 해외 시장 개척 10년 만에 연간 200억 개비 이상 판매되는 글로벌 제품으로 등극했고, 2017년까지 해외에서만 총 2,100억 개비 이상 판매되어 초슬림 담배 카테고리에서 세계 판매 1위를 기록했다. ESSE가 해외에서 높은 점유율을 차지하고 있는 것은 프리미엄 브랜드로 포지셔닝한 KT&G의 현지 마케팅 전략이 주효했기 때문이다. KT&G는 5㎎ 이상 고타르 제품 위주인 해외 시장에서 소비자들의 새로운 니즈에 맞춰 저타르, 초슬림 제품의 특성을 강조했다. 이와 같이 현지 맞춤화 전략을 통한 신제품 개발과 출시로 KT&G는 해외 시장에서 성공할 수 있었다.

KT&G는 주력시장인 러시아와 중동에서 'ESSE'와 'PINE' 등의 브랜드를 앞세워 견고한 성장세를 유지하고 있으며, 아프리카와 중남미 등 신규 시장에서는 현지 맞춤형 제품을 출시하며 판로를 확대하고 있다. 가파른 성장세의 지속과 신속한 제품 공급을 위해 러시아, 터키, 인도네시아 등에 현지 공장도 운영하는 중이다. 아울러 해외진출에 성공한 ESSE를 발판 삼아 2025년까지 해외 판매 규모를 4배 이상 늘리고 단계적으로 아시아태평양, 미주, 아프리카, 유라시아 4대 권역에 지역본부를 설립해 해외 소비자 니즈에 맞는 브랜드를 구축할 계획이다.

ESSE는 현재의 브랜드파워에 만족하지 않고 ESSE만이 제공할 수 있는 독특하고 차별화된 가치를 소비자들에게 제공하고자 끊임없이 노력하는 대한민국 대표 담배 브랜드다. 더욱 정교하고 시장중심적인 브랜드 포트폴리오 전략을 통해 전 세계 소비자들에게 초슬림 담배를 대표하는 강력한 빅브랜드로 인식될 ESSE의 활약을 기대해본다.